W. Reuling

Wechselrechtliche Erörterungen

W. Reuling

Wechselrechtliche Erörterungen

ISBN/EAN: 9783743382336

Hergestellt in Europa, USA, Kanada, Australien, Japan

Cover: Foto ©Andreas Hilbeck / pixelio.de

Manufactured and distributed by brebook publishing software (www.brebook.com)

W. Reuling

Wechselrechtliche Erörterungen

Wechselrechtliche Erörterungen.

Von

Dr. W. Reuling,
Kaiserlicher Justizrath.

Zweite unveränderte Auflage.

Berlin 1894.
Verlag von H. W. Müller.

Vorbemerkung.

Die nachstehenden beiden Aufsätze wurden — unter dem Titel: „Thöl versus Reichs-Oberhandelsgericht. Wechselrechtliche Erörterungen" — 1875 in der „Juristischen Wochenschrift", dem Organ des deutschen Anwaltvereins, veröffentlicht und daneben in einer kleineren Anzahl Sonderabdrücken ausgegeben.

Es war damals meine Absicht alle Fragen, die zwischen unserer damaligen höchsten amtlichen Autorität und unserer ersten wissenschaftlichen Autorität auf diesem Spezialgebiete kontrovers geworden waren, in gleicher Weise zu erörtern.

Aber theils wurde ich durch meine doppelte Berufsthätigkeit als Rechtsanwalt beim damaligen höchsten Gerichtshof des deutschen Reiches und als Dozent an der Leipziger Universität von der Fortführung dieser Arbeit abgehalten. Theils traten noch andere Gründe hinzu. Und so blieb es bei diesen beiden Aufsätzen, die aber weitaus mehr zivilrechtliche als wechselrechtliche Fragen erörtern. —

Seit der Veröffentlichung dieser Aufsätze sind fast zwanzig Jahre verstrichen. Und noch immer treten Anfragen an mich heran, ob und wo diese Aufsätze im Buchhandel zu haben seien. Jener Jahrgang der Juristischen Wochenschrift aber ist längst vergriffen.

Sicherlich haben diese Anfragen ihren Anlaß gehabt in der besonderen Beachtung und freundlichen Beurtheilung, die Thöl in der darauf folgenden vierten Auflage seines Wechselrechts diesen Aufsätzen — die in erster Linie eine Polemik gegen ihn selbst waren — zu Theil hat werden lassen.

Die Aufnahme die damals meine zum Theil recht scharfe Polemik bei Thöl selbst fand, widerlegt zugleich am Besten, was Thöl vielfach nachgeredet wurde, daß er keine Ansicht neben der seinigen dulden wolle und daß er seinen wissenschaftlichen Gegnern nur Schroffheiten zu sagen wisse.

Allerdings konnte Thöl ein unbarmherziger Kritiker sein. Aber wer seine Schriften kennt, weiß, daß er es nur im Dienste der Wissenschaft war und daß er gegen Niemand strengere Kritik geübt hat als gegen sich selbst. —

Meine Ausführungen in der ersten Abhandlung hatten auch Thöl selbst überzeugt. Wenigstens bezeichnete er seine frühere Annahme als einer nochmaligen Prüfung bedürftig, die ihm zur Zeit nicht möglich sei.

Die zweite Abhandlung hatte ihn nicht überzeugt und er wollte den von mir aufgestellten Begriff der „relativen Wechselfähigkeit" nicht gelten lassen. Er nahm aus meiner Arbeit Anlaß in der vierten Auflage seines Wechselrechts zwei neue Paragraphen einzuschalten:

§. 24 „Die Kaufmannswechselfähigkeit" und
§. 25 „Die angebliche relative Wechselfähigkeit".

In diesem §. 25 bezeichnet Thöl als „unmöglich", was er selbst in §. 24 für den dort behandelten speziellen Fall relativer „Kaufmannswechselfähigkeit" darlegt. Es heißt dort:

„Eine Person dieser Art ist also wechselfähig und wechselunfähig; wechselfähig in Betreff solcher Wechselversprechen, welche Handelsgeschäfte sind, wechselunfähig in Betreff solcher, welche es nicht sind."[*]

Das war ganz das, was ich als „relative Wechselfähigkeit" bezeichnet hatte. Und der Irrthum Thöl's war nur der, daß er die von ihm sogenannte „Kaufmannswechselfähigkeit" erst aus der Vorschrift des Art. 274 Abs. 2 H.G.B. herleiten wollte, während sie schon der Leipziger Wechselordnung von 1682 (vgl. unten S. 23) und ebenso auch schon dem gemeinen Recht seit den Zeiten des minor approbatus industriosus (vgl. unten S. 24 Note) bekannt war.

Allerdings ist die „Kaufmannswechselfähigkeit" der einzige Fall relativer Wechselfähigkeit nach gemeinem Recht. Aber anders ist es

---

[*] In der dritten Auflage (S. 107 Note 16) hatte Thöl die Möglichkeit eines solchen Zusammentreffens der Wechselfähigkeit und Wechselunfähigkeit in einer Person noch generell und insbes. auch für den in der vierten Auflage zugegebenen Fall des minderjährigen Kaufmanns verneint.

nach den modernen Rechten. So insbes. — innerhalb Deutschlands — nach dem preußischen und sächsischen und nach dem französisch-badischen Recht. Und selbst wo das gemeine Recht noch subsidiäre Geltung hat, sind die nachstehend erörterten, wesentlich dem Gebiete des Familienrechts angehörigen Fragen fast überall nach dem jeweils geltenden partikularen Recht zu beurtheilen, so daß für die nachstehend erörterten Fragen das gemeine Recht auch in Deutschland nur sporadisch noch wirklich geltendes Recht ist.

Es war also ein zweifelloser — wie ich nach einem späteren Briefwechsel mit Thöl annehmen darf, auch nachher von ihm selbst erkannter — Irrthum Thöl's, wenn er für „unmöglich" erklärte, was schon nach gemeinem Recht für den einen Fall der — wie er es nannte — Kaufmannswechselfähigkeit gilt und was daneben für den weitaus größten Theil Deutschlands noch für eine Anzahl anderer Fälle gilt. —

Die wissenschaftlichen Verdienste Thöl's speziell um die Entwicklung des Wechselrechts, deren letzte Frucht voraussichtlich sein wird, daß das deutsche Wechselrecht wenigstens in seinen Grundgedanken zum Wechselrecht des Erdballs werden wird, sind so groß — sie überragen soweit Alles was vordem und nachher auf diesem Gebiete geleistet worden ist, daß die Klarstellung von Irrthümern im Einzelnen seinen wissenschaftlichen Ruhm nicht verringern kann. Das Thöl'sche Werk hat innerhalb der Geschichte unserer Wissenschaft — wenigstens in unserem Jahrhundert — eine Parallele wohl nur in Feuerbach's Lehrbuch des Strafrechts oder wie er es noch nannte, des peinlichen Rechts. Es sind Werke, deren volle Bedeutung man nur würdigen kann, wenn man ausgeht von dem Stande der Literatur zur Zeit des Erscheinens der ersten Auflage. Und — um auch dies noch zu erwähnen — wo man Thöl Irrthümer im Einzelnen nachweisen kann, sind dieselben fast immer nur die Folge davon, daß Thöl in den späteren Auflagen seines Werks die in ihm lebendigen Gedankenbilder noch festgehalten hat, während inzwischen — erst durch die Wechselordnung und später durch das Handelsgesetzbuch — das bis dahin geltende Recht Wandlungen erfahren hatte, denen seine Gedankengänge nicht mehr mit voller Unbefangenheit und Sicherheit gefolgt sind.

Ich kann mir nicht versagen, hier eine Stelle aus meinen jüngst erschienenen „Beiträgen zum preußischen Miethrecht" einzurücken — dies um so mehr, als diese Besprechung einer wechselrechtlichen Frage dort kaum gesucht wird und hier in diesen „wechselrechtlichen Erörterungen" besser am Platze ist. Es heißt dort:

„Es ist in dem Wesen der menschlichen Intelligenz begründet, daß prinzipielle Umgestaltungen eines bisher geltenden Rechts viel schwerer in ihren Konsequenzen erkannt werden als Aenderungen in gesetzgeberischen Details. Und ebenso ist auch die richtigen Konsequenzen solcher prinzipiellen Umgestaltungen zu ziehen nicht immer ganz leicht. Bei Aenderungen von gesetzgeberischen Details wird das Auge auf die Aenderungen selbst direkt hingelenkt. Es wird sofort erkennbar nicht bloß daß sie Konsequenzen hat, sondern auch welche Konsequenzen sie hat. Die Erkenntniß aller Konsequenzen eines Wechsels in den Fundamenten der Rechtsordnung selbst aber kann nur das Ergebniß eines tieferen geistigen Eindringens in diese Fundamente der Rechtsordnung selbst sein.

„Dem Verfasser ist ein interessantes Beispiel einer ganz unbefangenen Herübernahme einer früher berechtigten Auffassung in einen neuen Rechtszustand erinnerlich aus seinen wechselrechtlichen Studien. Es war Thöl, der Konsequenzen eines Systemwechsels übersehen hatte — also wohl der schärfste und tiefsinnigste Analytiker, den die deutsche juristische Litteratur aufzuweisen hat und der das denkbar Größte geleistet hätte ohne seine Abneigung gegen Alles was „nur Rechtsgeschichte" war, und wenn seine Vergleichungen ausländischen Rechts nicht etwas gar zu obenhin gewesen wären.

„Die Nothadresse faßte Thöl in der ersten Auflage seines Wechselrechts — damals wohl mit Recht — als eine zweite (eventuelle) Tratte auf. Er hat in den späteren Auflagen seines Wechselrechts diese Auffassung ganz unbefangen auch für das Recht der deutschen Wechselordnung beibehalten. Und doch kann kein Zweifel sein, daß die Nothadresse der deutschen Wechselordnung nicht der eventuelle Auftrag an den Nothadressaten ist, die Tratte als Traffat zu akzeptiren und bez. einzulösen, sondern nur der eventuelle Auftrag für Rechnung des Auftraggebers zu interveniren — jenachdem also mittels Ehrenakzepts oder mittels Ehrenzahlung zu interveniren. Demgemäß hat auch der Inhaber einer vom Trassaten nicht angenommenen bez. nicht eingelösten Tratte nicht eine eventuelle zweite Tratte zur Annahme bez. Einlösung zu präsentiren. Er hat vielmehr die Nothadresse nur um Intervention anzugehen. Und die Nothadresse, die die Intervention ablehnt, lehnt nicht die Honorirung einer Tratte, sondern eine bloße Intervention für einen nothleidenden Wechsel ab.

„Die in den späteren Auflagen des Thöl'schen Wechselrechts beibehaltene Auffassung der Nothadresse als einer zweiten Tratte, ist ganz offenbar nur ein Revenant eines früheren in der Wechselordnung verlassenen Systems. —

„Unsere Litteratur wimmelt von solchen, bei schärferem Zusehen alsbald als solchen erkennbaren Revenants eines inzwischen in seinen Grundlagen veränderten Rechtszustands. Und was man juristische Dogmengeschichte nennt, ist — soweit es nicht blos die Geschichte davon ist, wie Einer vom Anderen abgeschrieben hat — wenn nicht der Hauptsache nach, doch jedenfalls zum großen Theil nichts als die Geschichte solcher Revenants.

„Dasselbe Phänomen des menschlichen Geistes, das ihn die relativ kleinen Ortsveränderungen auf der Erde leichter erkennen läßt, als die sphärische Bewegung der Erde selbst, gilt ganz in derselben Weise auch für rein intellektuelle Veränderungen und Verschiebungen, die im Kleinen leichter erkennbar sind, als im Großen."

Etwas Anderes als ein einfacher Neudruck jener beiden, im Buchhandel nicht mehr zu erhaltenden Aufsätze war nicht beabsichtigt. Einen andern Titel als den, unter dem sie damals in der juristischen Wochenschrift erschienen sind — nur mit Weglassung des Beisatzes — „Thöl versus Reichs-Oberhandelsgericht" — glaubte ich nicht wählen zu dürfen. Und es blieb mir auch, um erkennbar zu machen, daß es nicht eine neue Arbeit, sondern nur ein Neudruck einer alten Arbeit ist, keine andere Wahl als diesen Neudruck als „zweite Auflage" zu bezeichnen. —

Speziell das englische Recht hat seitdem so große Wandlungen erfahren, daß sie an dieser Stelle wenigstens kurz berührt werden mögen. Zunächst sind seit dem 1. November 1875 die bis dahin bestehenden sieben Londoner höheren Gerichtshöfe — die drei Gerichtshöfe des common law (Queens Bench, Common Pleas und Exchequer) mit dem Billigkeitsgerichtshof (Chancery) und den daneben bestehenden drei Spezialgerichtshöfen für Seesachen, für Testamentsachen (Probate) und Ehesachen — zu dem jetzt nur noch in entsprechende sogen. Divisions getheilten High Court of Justice vereinigt, dem dann noch der Court of Appeal angeschlossen ist. Und im Zusammenhang damit ist auch für das materielle Recht der das Studium des englischen Rechts so erschwerende Gegensatz zwischen law und equity — der sogar in einer doppelten Rechtssprache seinen Ausdruck fand — im Wesentlichen beseitigt, indem jetzt grundsätzlich und von Resten des früheren zweifachen Rechts abgesehen, nicht mehr nach law, sondern immer nur nach equity entschieden werden soll.

Und ferner hat, was speziell das wenigstens in seiner historischen Grundlage und in seinen Grundzügen nachstehend (S. 42—44 in der

Note) dargestellte englische eheliche Güterrecht betrifft, inzwischen der Married Women's Property Act von 1882 mit dem bisherigen Recht völlig gebrochen. Es ist jetzt die volle Vermögensfähigkeit, Dispositionsfähigkeit (unter Lebenden sowohl als auf den Todesfall) und Verpflichtungsfähigkeit, sowie zugleich die volle Prozeßfähigkeit der verheiratheten Frauen betreffs ihres vorbehaltbaren Vermögens anerkannt. Des so bedenklichen Auskunftsmittels der fiduziarischen Übertragung des vorbehaltenen Vermögens an einen trustee (vgl. S. 44) bedarf es also jetzt nicht mehr und England hat jetzt endlich ein eines Kulturvolkes würdiges eheliches Güterrecht, dessen es bis 1882 entbehrte, erhalten.

Berlin, Mai 1894.

Reuling.

Inhaltsübersicht.

	Seite
Vorbemerkung	III—VIII
I. Wechselfähigkeit der Minderjährigen. Muß die Zustimmung des Vaters oder Vormundes im Wechsel enthalten sein?	3—15
II. Die relative Handlungs- und Wechselfähigkeit.	
Im Allgemeinen	19—23
1. Die relative Handlungs- und Wechselfähigkeit der minderjährigen Kaufleute	23—25
2. Die relative Handlungs- und Wechselfähigkeit der Ehefrauen	26—47
3. Die relative Handlungs- und Wechselfähigkeit der volljährigen Hauskinder	47—49

I.
Wechselfähigkeit der Minderjährigen.

Muß die Zustimmung des Vaters oder Vormundes im Wechsel enthalten sein?

In der durch Erkenntniß des Reichsoberhandelsgerichts vom 13. Dezember 1871 (Entsch. Bd. 4 S. 265—283) entschiedenen Sache Wenzel c/a Kuhn handelte es sich um die Frage, ob ein Minderjähriger aus einem von ihm selbst mit Genehmigung seines Vormundes ausgestellten Wechsel auch dann haftet, wenn diese Genehmigung des Vormundes nicht in der Wechselurkunde selbst, sondern außerhalb derselben — im Uebrigen aber rechtsgültig — erklärt worden ist.

Diese Frage enthält zwei Fragen. Zunächst die Frage: Ist ein Minderjähriger überhaupt in dem Sinne wechselfähig, daß er in eigner Person, wenn auch nur mit Genehmigung des Vormunds, Wechselgeschäfte wirksam abschließen kann?

Bejaht man die Frage, so ergiebt sich die weitere Frage: Ist der Konsens des Vormundes gültig erklärt und demgemäß die Wechselerklärung des Minderjährigen wirksam nur, wenn der Konsens schriftlich in der Wechselurkunde erklärt ist, oder genügt auch ein außerhalb derselben, wenn nur im Uebrigen rechtsgültig erklärter Konsens?

Verneint man dagegen jene erste Frage, dann kann überhaupt diese zweite Frage gar nicht gestellt werden. Die Wechselerklärung des Minderjährigen ist als die einer unbedingt wechselunfähigen Person überhaupt bedeutungslos. Folgeweise ist auch der Konsens des Vormunds wirkungslos — mag er in der Wechselurkunde oder mag er außerhalb derselben erklärt sein.

Dagegen erhebt sich von diesem Standpunkt aus eine andere zweite Frage. Der Konsens ist zweifellos als Konsens bedeutungslos. Aber ist die Willenserklärung des Vormunds, wenn in diesem Sinne bedeutungslos, nicht vielleicht in einem anderen Sinne anzuerkennen als eine rechtsgültige und wirksame Willenserklärung? Hat nicht der Vormund mit der Konsensertheilung auf alle Fälle seinen Willen erklärt, daß das zu konsentirende Geschäft für den Mündel gültig abgeschlossen sein solle? Ist dieser Erklärung nicht zugleich eine eventuelle Willenserklärung dahin zu entnehmen, daß, falls das Geschäft als ein vom Mündel selbst abgeschlossenes, vom Vormund nur konsentirtes Rechtsgeschäft ungültig sein werde, es gültig und wirksam sein solle als ein vom Vormund selbst Namens seines Mündels abgeschlossenes Geschäft?

Jene erste Frage der Wechselfähigkeit der Minderjährigen hat unser Gerichtshof bejaht. Er hat anerkannt, daß Minderjährige unter der Voraussetzung des vormundschaftlichen Konsenses rechtsgültig Wechselverpflichtungen übernehmen können. Zugleich hat er jene für diesen Fall sich ergebende zweite Frage im Sinne der Gültigkeit auch eines außerhalb des Wechsels erklärten Konsenses entschieden.

Im Gegensatze dazu hat Thöl jene erste Frage im Sinne der unbedingten Wechselunfähigkeit der Minderjährigen entschieden. Er argumentirt dabei so: Wechselfähig ist nach Art. 1 der Wechsel-Ordnung, wer sich durch Verträge verpflichten kann. Der Minderjährige kann sich durch Verträge nicht verpflichten. Folgeweise ist er wechselunfähig. Der Konsens des Vormundes kann daran nichts ändern; denn er kann nicht eine gesetzlich wechselunfähige Person für das einzelne Geschäft wechselfähig machen.*) Die Grundlage dieser Argumentation ist der gewiß richtige Satz, daß die Wechselfähigkeit publici juris ist.

Von diesem Standpunkt aus konnte sich für Thöl die Frage nach der erforderlichen Form des vormundschaftlichen Konsenses in Wahrheit gar nicht erheben. Derselbe ist als Konsens bedeutungslos — mag er in oder mag er außerhalb der Wechsel-Urkunde erklärt sein. Dies ist die unvermeidliche Konsequenz der Thöl'schen Auffassung. Fraglich kann also nur bleiben, ob der Konsens des Vormunds, der kein wirksamer Konsens ist, wenn er im Wechsel erklärt ist, bedeutsam wird als Wechselerklärung des Vormundes Namens seines Mündels, so daß dann, wie oben dargelegt, der Vormund es ist, der und zwar als Stellvertreter des Mündels kontrahirt. Diese Frage ist keineswegs zweifellos. Denn es ist ein Anderes, zu einem fremden Geschäft, das man nicht desavouiren mag, die erforderliche Genehmigung zu ertheilen, und ein Anderes in einem Fall, in welchem noch res integra ist, das Geschäft selbst abzuschließen. Nicht allein die rechtliche Stellung des Konsentirenden und des Kontrahirenden dem andern Kontrahenten gegenüber ist eine wesentlich andere. Gewiß

---

*) Thöl, Wechselrecht, 3. Aufl. § 163, Nr. 5.

wird auch die moralische, vielleicht selbst die juristische Verantwortlichkeit des Vormundes in beiden Fällen anders bemessen werden müssen. Doch wie dem sei; Thöl hat die Frage ohne weitere Motivirung bejaht. Aber er hat, wie mir scheint, es nicht zu einem genügend klaren Ausdruck kommen lassen, daß in der That diese Frage es ist, welche er bejahend entscheidet — daß nicht ein und dieselbe, sondern zwei ganz verschiedene Fragen es sind, welche das Reichsgericht einerseits und Thöl andererseits behandelt.

Thöl läßt da, wo er gegen die Auffassung des Reichsgerichts sich wendet, ganz außer Betracht, daß mit der Anerkennung oder Nichtanerkennung der Wechselfähigkeit der Minderjährigen zwei ganz verschiedene in sich unvereinbare Standpunkte gegeben sind, die gar nicht mehr eine gleichartige Fragestellung zulassen. Er wird infolge dessen den Argumenten des Gerichtshofs nicht gerecht. Den Gegensatz zwischen der einen Bestandtheil des Geschäfts bildenden tutoris auctoritas und dem keinen Bestandteil des Geschäfts bildenden bloßen Konsens — diese unanfechtbare Grundlage jener Entscheidung — läßt er, wie bereits Goldschmidt bei Gelegenheit der Besprechung der neuen Auflage des Thöl'schen Werkes hervorgehoben hat,*) ganz unbeachtet bei Seite. Allerdings kommt dieser Gegensatz vom Standpunkte Thöl's aus nicht in Frage. Aber daß und warum er für Thöl nicht in Frage kommen kann — das hat Thöl klarzustellen unterlassen.

Aber Thöl wird dadurch, daß jener Gegensatz in der Fragestellung nicht zum klaren Ausdruck gekommen ist, auch seinem eignen Standpunkt nicht gerecht. Für eine Auffassung, welche den im Wechsel erklärten Konsens als eine in eigener Person Namens des Mündels erfolgte Wechselerklärung des Vormundes gelten läßt, lassen sich immerhin gute Gründe geltend machen. Keinenfalls aber wird sich die rechtliche Karakteristik rechtfertigen lassen, die Thöl für einen derartigen Thatbestand aufstellt. Er sagt wörtlich: „Die Einwilligung (des Vormundes)**) .... ergibt allerdings einen gültigen Wechsel, aber einer wechselunfähigen Person. Derselbe .... beruht lediglich auf einem Wechselvertrag des Vormundes, dessen Wille der allein bedeutende ist, er ist ein Wechsel des Vormundes, was den Vertragswillen, und ein Wechsel des Minderjährigen, was die Schuldnerschaft betrifft." Es muß mit dieser Entwickelung mehr gesagt sein, als die nackte Behauptung, daß in einem solchen Falle der Vormund Namens des

---
*) Zeitschrift für Handelsrecht, Bd. 19. S. 320, 321.
**) Es ist hier von einer im Wechsel erklärten Einwilligung des Vormundes die Rede.

Mündels kontrahire. Andernfalls würde Thöl den Ausdruck „Wechselpromiscue für Wechselvertrag (des Vormunds) und Wechselverpflichtung (des Mündels) gebraucht haben. Nur anscheinend hätten wir eine begriffliche Entwickelung — in Wahrheit ein Spiel mit einem doppeldeutigen Ausdruck vor uns.

Aber auch abgesehen hiervon — auch unserm größten Analytiker mag einmal so etwas begegnen — der Konsens ist doch zunächst Konsens und nichts als Konsens. Daß er mehr sei, ja daß er etwas anderes sei, bedarf der Rechtfertigung. Eine solche an sich wenig probable Aufstellung kann Thöl nicht beweislos hinstellen wollen. Die vorstehend angeführte Karakteristik soll gerade diese Beweisführung enthalten. Es muß also etwas anderes und mehr damit gesagt sein, als daß der Konsens des Vormunds zum Wechselvertrag des Mündels kein Wechselvertrag des Mündels, sondern ein Wechselvertrag des Vormunds Namens des Mündels sei. Aber was damit gesagt sein soll, ist nicht recht klar. Es durchkreuzen sich die beiden verschiedenen Auffassungen: Der Wechsel wird bezeichnet bald als ein Wechsel einer wechselunfähigen Person, also des Mündels, bald als ein Wechsel des Vormunds. Jene Auffassung stimmt mit dem äußern Thatbestand, die den Konsens als Konsens nimmt, die letztere mit der Auffassung, die an die Stelle des Konsenses die eigne Wechselerklärung des Vormunds setzt. Beides zugleich ist nicht möglich. Der Gegensatz aber zwischen demjenigen, welcher den Vertragswillen hat, und demjenigen, den die Schuldnerschaft trifft, ist nichts anderes, als der Gegensatz zwischen Stellvertreter und Vertretenem — er bezeichnet nur das thema probandum ohne zur Beweisführung selbst etwas beizutragen.

In der That die Auffassung der Mitunterschrift des Vormundes als der allein entscheidenden Unterschrift desjenigen, der in Wahrheit kontrahirt hat, wenn auch in der äußern Form der Konsenserklärung — diese Auffassung ist es, welche den Thöl'schen Gedankengang beherrscht, ohne einen genügend präzisen Ausdruck gefunden zu haben. Darüber allerdings kann kein Zweifel sein, sobald man dem kontrahirenden Vormund diese Stellung zuweist, die Thöl'sche Entscheidung der obigen Frage die allein richtige ist. Eine Wechselerklärung außerhalb des Wechsels gibt es nicht. Aber in Wahrheit ist jener Vordersatz falsch. Der Minderjährige ist nicht in dem Sinne wechselunfähig, wie es Thöl meint, wenn er sagt, der Konsens des Vormunds könne ihm die Wechselfähigkeit auch für das einzelne Geschäft nicht geben. Der Minderjährige ist vielmehr wechselfähig mit derselben Einschränkung und unter derselben Voraussetzung, unter welcher er überhaupt durch Verträge sich verpflichten kann. Nämlich unter der Voraussetzung, daß seine unvollkommene Handlungsfähigkeit die erforderliche

Ergänzung erhält, der vorhandne Mangel ausgeglichen wird durch den Konsens des Vormunds.

Der Nachweis der Wechselfähigkeit der Minderjährigen in diesem Sinne soll uns im Folgenden beschäftigen. Denn das muß anerkannt werden: die Sache liegt keineswegs einfach und der Wortlaut der Wechselordnung sowohl, als auch die zu deren Auslegung dienenden Protokolle der Wechselkonferenz sprechen dem Anscheine nach nicht für, sondern gegen eine Wechselfähigkeit der Minderjährigen.

Ueberall in den Berathungen der Wechselkonferenz tritt der Minderjährige auf als eine Person, deren Wechselfähigkeit in Frage kommen könne und zu entscheiden sei nur in dem Sinne einer durch den Vormund vertretenen Person. Diese Auffassung hat in der Wechselordnung selbst einen unzweideutigen Ausdruck gefunden im Art. 2 Nr. 2, wonach der Wechselarrest nicht zulässig sein soll

„aus Wechselerklärungen, welche . . . . in Angelegenheiten solcher Personen, welche zu eigner Vermögensverwaltung unfähig sind, von den Vertretern derselben ausgestellt werden."

Die zweifellose Absicht und Meinung dabei war, daß gegen Minderjährige der Wechselarrest überhaupt ausgeschlossen sein solle. Die beschränkte Fassung, die nur den Fall einer in Vertretung des Minderjährigen durch den Vormund ausgestellten Wechselerklärung trifft, weist unzweideutig darauf hin, daß man mit diesem Fall die Frage für erschöpft hielt.

Aber noch andere, noch gewichtigere Gründe stehen der Thöl'schen Auffassung gegen diejenige des Reichsgerichts zur Seite.

Bekanntlich war in vielen Theilen Deutschlands die Wechselfähigkeit bis zur Einführung der Wechsel-Ordnung ein Privileg einzelner Berufsstände, nämlich der Kaufleute und daneben auch der Juden, die gleichsam als geborene Kaufleute angesehen wurden.

Dies war insbesondere der Rechtszustand in den altländischen Provinzen Preußens, soweit das preußische Landrecht Geltung hatte. Bei den Vorarbeiten zu einer Revision dieses Gesetzbuchs war zum ersten Mal die Einführung der allgemeinen Wechselfähigkeit in dem Sinne zur Sprache gekommen, daß das, was bisher ein Privileg einzelner Kreise der Staatsgesellschaft gewesen war, ein Gemeingut aller verpflichtungsfähigen oder doch aller im Sinne des altpreußischen Rechts darlehnsfähigen Personen werden solle. Aus diesen Vorarbeiten war schließlich der „Entwurf einer Wechsel-Ordnung für die preußischen Staaten" hervorgegangen, welcher nachher den Berathungen der Wechselkonferenz zu Grunde gelegt wurde. In demselben waren für wechselfähig erklärt „alle Personen, welche sich durch Darlehns-Verträge gültig verpflichten können". Darnach werde, heißt es in den Motiven, die Wechselfähigkeit die Regel bilden. Das Institut des Wechsels verdanke zwar dem Handel und dessen Bedürfnissen sein Entstehen. Darin liege indessen kein Grund, andern Personen die Eingehung solcher einmal anerkannter Rechtsgeschäfte zu versagen. Der Gedanke, von welchem der preußische Entwurf ausging, war, wie bereits gesagt, die Verallgemeinerung dessen, was bisher Privileg verhältnißmäßig weniger Personen gewesen war. Dieser aus dem Gegensatz zu den bisherigen Beschränkungen der Wechselfähigkeit sich ergebende Gesichtspunkt war es, unter dem auch die Wechselkonferenz die Einführung der allgemeinen Wechselfähigkeit auffaßte.

Alles weist darauf hin, daß die Wechselkonferenz unter der „Wechselfähigkeit" eine besondere rechtliche Qualität einer Person, einen gleichsam qualificirten status verstanden hat, in dem Sinn, daß eine Person entweder diesen qualificirten status hat oder dieses qualificirten status entbehrt. Auch die Fassung des Art. 1 entspricht dieser Auffassung. Es heißt dort: „Wechselfähig ist Jeder, der sich durch Verträge verpflichten kann". Es ist nicht gesagt: „Die allgemeinen Grundsätze des bürgerlichen Rechts über Handlungsfähigkeit finden auch auf die Uebernahme von Wechselverpflichtungen Anwendung."

Von dieser Auffassung des Art. 1 aus erscheint die Thöl'sche Entscheidung der Frage als die allein richtige. Dem Minderjährigen fehlt die allgemeine Handlungsfähigkeit im Sinne des Art. 1; es fehlt ihm folgeweise der qualificirte status der Wechselfähigkeit. Dieselbe ist publici juris. Der Vormund kann sie ihm auch durch seinen Konsens weder allgemein, noch für das einzelne Geschäft geben. Dies war auch der Standpunkt der Motive zum preußischen Entwurf gewesen. Es heißt daselbst, nachdem die Gründe für die Wechselfähigkeit auch der Frauen erörtert sind:

„Für die Minderjährigen, deren das Rheinische Handelsgesetzbuch erwähnt, bedarf es keiner besonderen Bestimmung; für sie ist die Regel maßgebend." *)

Aber die Frage ist die: Ist diese Auffassung, welche allerdings diejenige der Wechselkonferenz selbst war, die richtige und kann dieselbe für die Auslegung des Art. 1 der Wechsel-Ordnung entscheidend sein? Die Konferenz hat ersichtlich von den beiden Möglichkeiten der Begründung einer

---

*) Angedeutet mag hier werden, daß diese Motive nicht überall genügend auseinanderhalten die Fähigkeit, sich durch Wechselverträge zu verpflichten und die Möglichkeit, durch einen Wechselvertrag eines Vertreters verpflichtet zu werden. Unsere Frage berührt dies nicht, da diese Möglichkeit speziell auch bezüglich der zur eigenen Vermögensverwaltung unfähigen Personen anerkannt ist. (W.-O. Art. 2 Nr. 2.)

Wechselverpflichtung in der Person eines Minderjährigen die eine — das Kontrahiren des Minderjährigen in eigner Person mit vormundschaftlichem Konsens — übersehen.*) Sie hat überhaupt übersehen — denn dieser Fall ist nicht der einzige dieser Art — daß auch unvollkommen handlungsfähige Personen mit Genehmigung einer anderen Person, deren Konsens diesen Mangel der Handlungsfähigkeit auszugleichen befähigt und bestimmt ist, gültig kontrahiren können. Sie ist gerade dadurch in einer falsch formulirten Fragestellung festgehalten worden — in einer Fragestellung, die mit der zweifellosen Tendenz des Art. 1 der Wechsel-Ordnung selbst nicht im Einklang stand. Die Tendenz desselben war, die Wechselfähigkeit als eine besonders qualificirte Handlungsfähigkeit zu beseitigen und dieselbe zu einem Bestandtheil der allgemeinen Handlungsfähigkeit des bürgerlichen Rechts zu machen. Die richtige Fragestellung wäre also gewesen: Sollen für die Wechselfähigkeit die allgemeinen Grundsätze über Handlungsfähigkeit oder sollen von diesen abweichende Bestimmungen gelten? Aber wenn man jenen von der Konferenz übersehenen Thatbestand bei Seite ließ, wenn man absah von dem, was die Konferenz übersehen hat, so fiel mit dieser Frage materiell zusammen die Frage: Soll die Wechselfähigkeit ausgedehnt werden auf alle nach dem bürgerlichen Recht handlungsfähige Personen? So schob sich unwillkürlich jener richtigen Fragestellung diese inkorrekte Fragestellung unter. Die Absicht des Gesetzgebers fand einen nicht erschöpfenden Ausdruck in Art. 1 und ganz entsprechend auch in Art. 2 Nr. 2 der Wechsel-Ordnung — einen Ausdruck, der wörtlich ausgelegt sogar für viele Rechtsgebiete statt

---

*) In anderen Vorarbeiten zur Wechsel-Ordnung war dies nicht übersehen worden. Der Thöl'sche Entwurf für Meklenburg erwähnt in §. 3 ausdrücklich der vom Vormund konsentirten Wechselverträge der Minderjährigen, unterschieden von den vom Vormund Namens des Mündels erklärten Wechselversprechen. Derselbe lautete:

„Ein Wechselversprechen können geben alle Personen, welche verpflichtungsfähig sind. Ausgenommen sind Minderjährige unter allen Umständen, auch wenn die Vormundschaft das Wechselversprechen genehmigt oder giebt. Minderjährige können durch eine spezielle Konzession wechselfähig werden."

Thöl war Mitglied der Wechselkonferenz; sein Entwurf lag ihr vor. Aber bekanntlich zieht die kollegiale Berathung nicht immer die Summe aus den mitwirkenden Einzel-Intelligenzen.

§ 1 des Liebe'schen Entwurfs für Braunschweig, sowie die Motive dazu (S. 56) erwähnen des Konsenses zwar nicht ausdrücklich; aber daß der Verfasser sich über diesen Punkt klar war, bleibt kaum zweifelhaft. Auch Liebe war Mitglied der Wechselkonferenz.

eines Fortschritts der Rechtsbildung im Sinne einer Beseitigung bestehender Beschränkungen, einen Rückschritt der Gesetzgebung im Sinne der Einführung bisher nicht geltender Beschränkungen bezeichnet hätte. Dies überall da, wo bisher jenes Kontrahiren unvollkommen handlungsfähiger Personen mit Genehmigung der zur wirksamen Konsensertheilung befähigten Personen auch für die Wechselverträge zugelassen war. Um so weniger kann — im Gegensatz zu der zu engen Wortfassung — der richtig verstandne Sinn des Art. 1 der Wechsel-Ordnung zweifelhaft sein. Die durch eine inkorrekte Fragestellung veranlaßte Fassung kann kein Hinderniß sein, diese Bestimmung so zu verstehen, wie sie gemeint und gewollt war. Nämlich in dem Sinn, daß die Wechselfähigkeit — bisher eine auf bestimmte Personenkategorieen beschränkte oder doch bestimmten Personenkategorieen vorenthaltene qualifizirte Handlungsfähigkeit — aufgehen sollte und aufgegangen ist in der allgemeinen Handlungs- und Vertragsfähigkeit und daß also nunmehr nur noch die für diese geltenden Bestimmungen darüber entscheiden können, ob eine Person und **unter welchen Voraussetzungen** sie Wechselverpflichtungen rechtswirksam übernehmen kann.

Ich habe hervorgehoben: Der Standpunkt Thöl's, der die Wechselfähigkeit der Minderjährigen **unbedingt und ohne Rücksicht auf den Konsens des Vormunds** verneint, ist unanfechtbar, sobald man in der Wechselfähigkeit noch immer eine qualifizirte Handlungsfähigkeit sieht, die in Art. 1 nur bezüglich ihrer Voraussetzungen an die allgemeine Vertragsfähigkeit angelehnt, nicht aber in dieser aufgegangen ist. Von diesem Standpunkt ist immer nur die Frage möglich, ob — niemals die Frage, **unter welchen besonderen Voraussetzungen und innerhalb welcher Grenzen** eine Person wechselfähig ist.

Aber hält Thöl selbst diesen Standpunkt fest? Erkennt er nicht eine **an besondere Voraussetzungen gebundene und innerhalb gewisser Grenzen eingeschränkte** Wechselfähigkeit an? Erkennt er nicht insbesondere auch die Wechselfähigkeit unvollkommen handlungsfähiger Personen unter der Voraussetzung eines die unvollkommene Handlungsfähigkeit ergänzenden Konsenses an?

Für die gerichtlich erklärten Verschwender allerdings hält Thöl in derselben Weise, wie für die Minderjährigen an der unbedingten persönlichen Wechselunfähigkeit fest. Er fügt dem Satze, daß dieselben wechselunfähig seien, keinerlei Einschränkung bei.*) Anders aber behandelt er die Frage

---

*) Citirt sind dabei zwei Urtheile des Lübecker Oberappellationsgerichts (Römer'sche Sammlung, I. S. 204 ff.) und des Dresdener Oberappellationsgericht (Archiv für

der Wechselfähigkeit der Ehefrauen für den Fall, daß nach dem betreffenden Landesrecht (Partikularrecht) eine Ehefrau nur mit Zustimmung ihres Ehemanns sich durch Verträge verpflichten kann. „Wo nach Partikularrecht

---

Wechselrecht, N. F. I. S. 301 ff.). Beidemal stand ein vom Kurator ertheilter Konsens nicht in Frage.

Die letzterwähnte Entscheidung betrifft in erster Linie eine andere sehr zweifelhafte Frage, nämlich die Frage, ob der im Auslande unter cura prodigi gestellte Ausländer für das Inland wechselfähig ist.

Bezüglich der Anerkennung der ausländischen cura prodigi Seitens des inländischen Richters tritt ein eigenthümlicher Gegensatz hervor zwischen der Doktrin einerseits, der Rechtsprechung andrerseits. Die Schriftsteller über das sogenannte internationale Privatrecht sprechen sich ziemlich ausnahmslos für die Anerkennung der ausländischen cura prodigi aus. (Vergl. Bar, internationales Privat- und Strafrecht, § 54. ibique cit) In der Rechtsprechung dagegen überwiegt die gegentheilige Meinung, jedenfalls insoweit es sich um die Gültigkeit der im Inlande vorgenommenen Rechtsgeschäfte handelt. So insbesondere auch in der französischen Praxis, in der eine Entscheidung der Pariser cour royale vom 16. Januar 1836 (Sirey 36, 2. p. 70—78) besonders berühmt geworden ist. Es handelte sich um eine Klage des Duke of Cambridge als Kurator des von den Agnaten unter cura prodigi gestellten Herzogs Karl von Braunschweig, bei welcher die rechtliche Wirksamkeit dieser cura innerhalb Frankreichs zur Entscheidung stand. Auch das oben erwähnte Urtheil des Oberappellationsgerichts zu Dresden steht auf demselben Standpunkt bedingungsloser Ignorirung der ausländischen cura prodigi bezüglich der im Inlande vollzogenen Rechtsgeschäfte.

Es dürfte hier eine der zahlreichen Kontroversen vorliegen, welche das Ergebniß einer falschen Fragestellung sind. Nur auf eine richtig gestellte Frage kann eine allseitig befriedigende Antwort gefunden werden.

Das Recht wohl aller deutschen Staaten, wie überhaupt aller Kulturstaaten erkennt die cura prodigi als eine zum Schutze berechtigter Interessen erforderliche, die Handlungsfähigkeit des gerichtlich erklärten Verschwenders beschränkende Maßregel an. Es kann dabei die Meinung nicht sein, daß nur die Inländer bez. nur die im Inlande domizilirten Personen einer solchen cura sollen unterstellt werden und dadurch in ihrer Handlungsfähigkeit sollen beschränkt werden können. Es kann also der im Ausland angeordneten cura prodigi die Anerkennung im Inland nicht ohne Weiteres versagt werden. Die jener französischen Entscheidung zu Grunde liegende Meinung, welche auch diejenige Siebenhaar's ist, (Arch. für Wechselrecht, XVI. S. 142, 143) und auf welche auch jenes ihm sich anschließende Urtheil des Oberappellationsgerichts zu Dresden gegründet wird, als ob die cura prodigi eine „aus politischen Rücksichten beschlossene Maßregel" sei, ist gewiß als unzutreffend zurückzuweisen. Und ebensowenig kann dabei entscheiden, ob die Veröffentlichung des betreffenden richterlichen Dekrets in einer inländischen oder in einer ausländischen Zeitung erfolgt ist. Es steht nicht, wie das Dresdener Gericht meint, in Frage eine Maßregel, welche „in ihrer Form nur für das Inland berechnet ist", — eben so wenig wie eine richterliche Verfügung, die veröffentlicht worden ist in einer in Schlesien oder Westphalen erscheinenden und außerhalb dieser Provinzen nicht verbreiteten Zeitung, deshalb als eine nur für Schlesien und Westphalen „berechnete" Maßregel angesehen werden kann.

eine Ehefrau nicht anders durch Verträge sich verpflichten kann, als unter Zustimmung des Ehemanns, da kann sie auch durch ein Wechselversprechen nicht anders sich verpflichten" — sagt Thöl und erkennt damit an, daß auch eine unvollkommen handlungsfähige Person in derselben Weise und unter derselben Voraussetzung wechselfähig ist, wie sie nach den Grundsätzen des bürgerlichen Rechts sich überhaupt durch Verträge verpflichten kann.

Es kann nicht zweifelhaft sein, daß von denselben Gesichtspunkten aus, von denen aus Thöl die Unfähigkeit der Minderjährigen, in eigner Person — mit Genehmigung des Vormunds — Wechselverpflichtungen einzugehen, behauptet, auch die gleiche Unfähigkeit der Ehefrauen behauptet werden müßte. Auch hier ist die Frage, wechselfähig oder nicht? publici juris. Auch hier kann der Konsens der wechselunfähigen Ehefrau, falls sie es in diesem Sinne ist, die Wechselfähigkeit für das einzelne Geschäft so wenig geben, wie der Konsens des Vormunds sie dem in diesem Sinne wechselunfähigen Minderjährigen zu geben vermöchte. Aber mit Recht hat Thöl selbst für diese Frage den Standpunkt nicht eingenommen, von dem aus er mit Unrecht die Wechselunfähigkeit der Minderjährigen behauptet. Auch Thöl selbst geht hier von derjenigen Auffassung der Wechselfähigkeit aus, welche wir oben als die zwar nicht dem Wortlaut, wohl aber der Tendenz und dem richtig verstandenen Sinn des Art. 1 der Wechsel-Ord-

Andrerseits aber ist allerdings die cura prodigi — und nicht minder gilt dies für die cura furiosi — ein Akt richterlicher Gewalt eines ausländischen Richters und damit ein Akt einer ausländischen Staatsgewalt. Diesen Akt einer ausländischen Staatsgewalt hat der inländische Richter nicht ohne Weiteres, wenn ich so sagen darf, unbesehen anzuerkennen. Er unterliegt seiner Kritik. Der inländische Richter hat also und zwar vom Standpunkt des ausländischen Rechts aus die Frage zu prüfen, ob die gesetzlichen Voraussetzungen einer cura vorlagen, ob sie vom kompetenten Richter und in gesetzmäßigem Verfahren angeordnet ist. Die Meinung, als ob die Anerkennung einer ausländischen cura furiosi und prodigi die Erkution eines ausländischen Urtheils enthalte (Pardessus, Foelix), ist allerdings unrichtig. Aber ein richtiger, wenn auch falsch formulirter und in falsche Konsequenzen verfolgter Gedanke liegt dieser Auffassung zu Grunde. Es ist dies das selbständige Prüfungsrecht des inländischen Richters gegenüber den Akten einer fremden richterlichen Gewalt. Speziell der Artikel 84 der Deutschen Wechsel-Ordnung, der allerdings alternativ das inländische oder ausländische Recht entscheiden läßt, je nachdem das eine oder andre der Handlungs- und bez. Wechselfähigkeit günstiger ist (so schon A. L. R. § 26, 35. Einl. Vergl. auch A. G. O. § 6, I. 1), ändert an diesem Ergebniß nichts. Insoweit die ausländische cura prodigi im Inland überhaupt anzuerkennen ist, stehen deren Wirkungen einer inländischen gleich. — Story conflict of laws behandelt die Frage nicht speziell. Auch Esperson diritto cambiario internazionale (Firenze, 1870), der andre an Art. 84 der Wechselordnung sich anschließende Fragen und zwar mit spezieller Berücksichtigung auch des Teutschen Rechts (des Art. 84 W. O.) eingehend behandelt, hat die hier erörterte Frage unberührt gelassen.

nung allein entsprechende nachgewiesen haben. Auch Thöl selbst faßt hier die Wechselfähigkeit auf nicht als einen qualifizirten status, den eine Person je nachdem hat oder nicht hat, sondern als einen Bestandtheil der allgemeinen Vertragsfähigkeit, der in allen Beziehungen lediglich sich richtet nach den einschlägigen Grundsätzen des bürgerlichen Rechts. Er läßt demgemäß zu, daß das einzelne Wechselgeschäft der Ehefrau, das wegen ihrer unvollkommnen Handlungs- bez. Vertragsfähigkeit für sich allein ungültig ist, gültig wird durch den hinzutretenden Konsens des Ehemanns.

Auch für diesen Fall eines ehemännlichen Konsenses zur Wechselerklärung der Ehefrau stellt Thöl das Erforderniß auf, daß der Konsens im Wechsel selbst erklärt sein müsse. Aber er macht hier andere Gründe geltend als für die gleiche Frage bezüglich des Konsenses des Vormunds. Thöl motivirt hier seine Ansicht nicht damit, daß der Wille des Ehemanns der allein entscheidende sei. Er macht vielmehr geltend, daß nur der Wille beider Ehegatten eine Verbindlichkeit der Frau begründe — mithin müsse die Willenserklärung beider mit den Namen beider Ehegatten im Wechsel enthalten sein.

Das erstere ist gewiß ganz richtig. Es genügt nicht die alleinige Willenserklärung der Frau, es bedarf einer hinzutretenden Willenserklärung des Ehemanns. Aber der zur Wechselerklärung der Ehefrau hinzutretende Konsens des Ehemanns ist doch nicht eine zweite Wechselerklärung des letzteren. Es ist eine Willenserklärung ganz andrer Art und ganz andern Inhalts. Es ist ein zweites selbständiges Rechtsgeschäft des Ehemanns und nur des Ehemanns, welches die Wechselerklärung seiner Ehefrau lediglich zum Objekt hat. Die Ergänzung der unvollkommenen Handlungsfähigkeit der Ehefrau, bezüglich des zu konsentirenden Rechtsgeschäfts ist der Inhalt und zwar der alleinige Inhalt dieses Rechtsgeschäfts des Ehemanns. Damit fällt jeder Grund für die Thöl'sche Meinung, daß der Konsens im Wechsel erklärt sein müsse. Sie wäre richtig, wenn der Konsens des Ehemanns eine zur Wechselerklärung der Ehefrau hinzutretende zweite Wechselerklärung des Ehemanns wäre. Denn Wechselerklärungen können allerdings nur in der Wechselurkunde gültig vollzogen werden. Sie ist nicht richtig, weil der Konsens des Ehemanns keine Wechselerklärung ist. Denn nur Wechselerklärungen — nicht sonstige Rechtsgeschäfte — bedürfen zu ihrer Gültigkeit der schriftlichen Erklärung in der Wechselurkunde.

Aber es lassen sich selbst noch tiefer liegende Gründe für die hier vertretene Meinung geltend machen — Gründe, die sicherlich gerade für die Anhänger der Thöl'schen Auffassung der rechtlichen Natur der Wechselverträge von Gewicht sein müssen. Wir verstehen es, wie vom Standpunkt der Kuntze'schen „Kreationstheorie" aus das Verlangen gestellt werden mag, daß der Inhalt der Wechselurkunde selbst allen Voraussetzungen eines rechtsgültigen Wechselversprechens Genüge leiste. Denn hier ist die Herstellung der zum Umlauf bestimmten und zu diesem Zweck geschaffenen Wechselurkunde dasjenige Rechtsgeschäft, durch welches der Aussteller, Indossant, Akzeptant u. s. w. gegenüber allen demnächstigen Erwerbern des Wechsels die ihrer schriftlichen Erklärung entsprechende Wechselverpflichtung übernehmen. Im Sinne dieser Auffassung mag eine rechtsgültige Wechselerklärung eines Minderjährigen oder einer sonstigen rechtlich gleichgestellten Person nur dann „kreirt" sein, wenn diejenige Person, deren Konsens erforderlich ist, zu diesem Kreationsakte selbst, also zur Herstellung der Wechselurkunde mitgewirkt hat. Wir würden auch von diesem Standpunkt aus dieses Erforderniß nicht anerkennen, vielmehr den Konsens auffassen als ein selbständiges Rechtsgeschäft des Konsentirenden, welches den zu konsentirenden Kreationsakt lediglich zum Objekte hat. Aber wie gesagt, vom Standpunkt der Kreationstheorie liegt die Annahme, daß der Konsens in der Wechselurkunde selbst erklärt sein müsse, immerhin näher. Nicht verständlich ist uns dagegen diese Meinung, sobald wir mit Thöl nicht in der Herstellung der Wechselurkunde, sondern in dem ganz formlosen „Geben und Nehmen" des Wechsels dasjenige Rechtsgeschäft zu sehen haben, durch welches der Geber des Wechsels die in der Wechselurkunde bezeichnete Verpflichtung übernimmt. Von diesem Standpunkt aus ist die Herstellung der Wechselurkunde einschließlich der Unterschrift lediglich ein vorbereitender Akt, durch welchen derjenige, der eine Wechselverpflichtung zu übernehmen beabsichtigt, den Inhalt und Umfang der von ihm zu übernehmenden Verpflichtung einstweilen schriftlich aufzeichnet und zugleich — was durch die Unterschrift geschieht — als eine von ihm herrührende Aufzeichnung kenntlich macht. Rechtlich bedeutsam ist dieser vorbereitende Akt an und für sich noch nicht. Er wird es erst dadurch, daß die so hergestellte Wechselurkunde und zwar durch einen völlig formlosen Vertrag — durch das „Geben und Nehmen" des Wechsels — von dem sich Verpflichtenden an den zu Berechtigenden übergeben wird. Dies allerdings in dem Sinne daß Inhalt und Umfang der von dem Geber des Wechsels übernommenen Verpflichtung sich bemißt und sich bemessen soll nach der in der begebenen Urkunde enthaltenen schriftlichen Aufzeichnung des Wechselgebers. Von dieser Auffassung aus ist es also nicht diese an und für sich ganz bedeutungslose schriftliche Aufzeichnung, sondern es ist der ganz formlose Begebungsvertrag — es ist der eigentliche und alleinige „Wechselvertrag", zu welchem der Konsentirende den Konsens erklärt. Derselbe bezweckt nicht mehr und nicht weniger als bezüglich dieses formlosen Begebungsvertrages den Mangel in der Handlungsfähigkeit des Begebenden auszugleichen.

Es ist in der That nicht einzusehen, wie und warum der Konsens zu diesem formlosen Begebungsvertrag seinerseits einer Form und zwar einer schriftlichen Aufzeichnung in der Wechselurkunde solle bedürfen.

Das Resultat ist also dies:

Im richtig verstandenen Sinne des Art. 1 der Wechselordnung ist die „Wechselfähigkeit" nichts anderes, als die auf die Uebernahme von Wechselverpflichtungen bezogene allgemeine durch die Grundsätze des bürgerlichen Rechts bestimmte rechtliche Befähigung einer Person, durch Verträge sich zu verpflichten. Demgemäß sind auch Minderjährige in derselben Weise und unter denselben Voraussetzungen „wechselfähig", wie sie nach den Grundsätzen des bürgerlichen Rechts durch Verträge sich verpflichten können — also unter der Voraussetzung des von ihrem Vormund ertheilten Konsenses.

Der Konsens des Vormundes zu Wechselverträgen des Mündels ist, insoweit lediglich Gesichtspunkte des Wechselrechts in Frage kommen, ein formloses Rechtsgeschäft; er bedarf insbesondere nicht einer schriftlichen Erklärung in der Wechselurkunde.

In allen diesen Beziehungen scheint uns der Standpunkt des Reichsgerichts in der That unanfechtbar.

II.

Die relative Wechselfähigkeit.

Die relative Handels- und Wechselfähigkeit der minderjährigen Kaufleute, der Ehefrauen und der Hauskinder.

Im engsten Zusammenhang mit den im vorstehenden Aufsatz erörterten Fragen steht die Frage, ob eine Person im Sinne des Art. 1 der Wechsel-Ordnung zugleich wechselfähig und nicht wechselfähig sein kann, jenachdem sie für das einzelne Geschäft handlungsfähig oder nicht handlungsfähig ist.

Wie bereits schon früher das Berliner Obertribunal, so hat auch das Reichs-Oberhandels-Gericht die Möglichkeit einer solchen relativen Wechselfähigkeit und Wechselunfähigkeit einer und derselben Person anerkannt. Es ist allerdings diese Frage niemals speziell und ausdrücklich entschieden worden. Aber nur um deßwillen, weil diese Möglichkeit niemals in Zweifel gezogen wurde.

Im Gegensatz zu dieser Auffassung stellt Thöl*) folgenden Satz auf: „Unrichtig ist die Meinung, als ob Jemand in Betreff bestimmter Geschäfte, z. B. ein minderjähriger Kaufmann in Betreff seiner Handelsgeschäfte wechselfähig und in Betreff anderer Geschäfte nicht wechselfähig sein könne. Eine Person ist entweder wechselfähig oder nicht wechselfähig. Distinguiren nach den unterliegenden Verhältnissen ist unmöglich."

Nach zwei Richtungen hin ist dieser Aufstellung Thöls zu widersprechen. Vor Allem der Meinung, daß nach den unterliegenden Verhältnissen zu distinguiren unmöglich sei. Gewiß soll damit ausgedrückt werden nicht eine thatsächliche Unmöglichkeit, sondern eine rechtliche Unzulässigkeit eines solchen Zurückgehens auf die „unterliegenden Verhältnisse". Die Meinung Thöls ist, daß es nicht von der der einzelnen Wechselerklärung zu Grunde liegenden causa civilis abhängig gemacht werden dürfe, ob der Erklärende für diese einzelne Wechselerklärung als wechselfähig oder als nicht wechselfähig zu gelten hat.

---

*) Wechselrecht 3. Aufl. §. 163 Note 16.

Allerdings löst sich jedes Wechselversprechen von den unterliegenden Rechtsverhältnissen in der Weise ab, daß weder die Existenz noch der Inhalt der Wechselverpflichtung abhängig ist von diesen unterliegenden Rechtsverhältnissen. Allein hier steht gerade in Frage die rechtliche Möglichkeit eines solchen Wechselversprechens. Es steht in Frage ob der Erklärende eine in diesem Sinne von den unterliegenden Rechtsverhältnissen losgelöste Wechselverpflichtung zu übernehmen überhaupt befähigt war. Sind für diese Frage entscheidend die „unterliegenden Rechtsverhältnisse", dann muß auf sie zurückgegangen werden. Die gegentheilige Meinung, falls dies wirklich die Meinung Thöls ist, wäre offenbar eine petitio principii.

Aber es kann auch im Uebrigen nicht zugegeben werden, daß eine Person nur entweder allgemein wechselfähig oder allgemein wechselunfähig sein kann. Die gegentheilige Meinung wäre allerdings richtig, wenn wir in der Wechselfähigkeit des Art. 1 der Wechsel-Ordnung im Sinne unserer früheren Darlegung*) einen qualifizirten persönlichen status zu erkennen hätten, den eine Person entweder hat oder nicht hat. Aber wir haben bereits gesehen, daß diese Auffassung dem richtig verstandenen Sinne des Art. 1 der Wechsel-Ordnung nicht entspricht, daß die Wechselfähigkeit in Wahrheit nur ein Bestandtheil der allgemeinen Handlungsfähigkeit ist, daß sie nichts anderes ist, als die allgemeine Vertrags- und Verpflichtungsfähigkeit in ihrer speziellen Beziehung auf Wechselgeschäfte.

Von dieser Auffassung aus liegt in dem Wesen der Wechselfähigkeit nichts, weshalb die Grundsätze des bürgerlichen Rechts über relative Handlungsfähigkeit nicht auch auf Wechselgeschäfte sollten Anwendung finden. Ich verstehe hier unter der relativen Handlungsfähigkeit die rechtliche Doppelstellung solcher Personen, die innerhalb eines bestimmten Geschäftskreises voll handlungsfähig, außerhalb desselben aber nur beschränkt handlungsfähig sind. Diese Personen haben überhaupt keinen einheitlich gestalteten status personae. Ihr status ist für die verschiedenen Geschäftskreise verschieden geordnet. Es kann demgemäß ihre Handlungsfähigkeit überhaupt nicht generell, sondern immer nur speziell mit Bezug auf das einzelne in Frage stehende Rechtsgeschäft beurtheilt werden. Es ist eine solche Person bezüglich des einzelnen in Frage stehenden Rechtsgeschäfts je nachdem voll oder nur beschränkt handlungsfähig, je nachdem dieses einzelne Rechtsgeschäft demjenigen Geschäftskreis angehört, für welchen die Person voll, oder demjenigen Geschäftskreis, für welchen sie nur beschränkt handlungsfähig ist. Im ersteren Falle ist das betreffende Rechtsgeschäft als Rechtsgeschäft einer voll handlungsfähigen Person ohne Weiteres

---

*) Vgl. S. 8.

rechtsgültig und voll wirksam. Im letzteren Falle dagegen ist das Rechtsgeschäft, weil in diesem Falle von einer nicht voll handlungsfähigen Person vorgenommen, nicht ohne Weiteres rechtsgültig und wirksam. Es bedarf zu seiner Gültigkeit des Konsenses einer dritten Person, welche die unvollkommene Handlungsfähigkeit zu ergänzen befähigt und bestimmt ist.

Diese eigenthümliche rechtliche Doppelstellung einer Person kennt bereits das römische Recht. Nach den Bestimmungen des Senatus consultum Macedonianum waren filii familias darlehnsunfähig. Das Gesetz hatte sie speziell für diese besondere Art von Rechtsgeschäften für handlungsunfähig (verpflichtungsunfähig) erklärt. Nichtsdestoweniger war der filius familias miles insoweit die Haftung mit seinem peculium castrense in Frage stand — und analog galt dasselbe für denjenigen filius familias, der ein peculium quasi castrense hatte — darlehnsfähig. Er haftete „usque ad quantitatem castrensis peculii, cum filii familias in castrensi peculio vice patrum familias fungantur" *). Und zwar ist dies nicht etwa dahin zu verstehen, daß der filius familias miles für die von ihm auf-

---

*) Ulpian in fr. 2 D. de S. C. Maced. (14, 6). — Durch eine constitutio Justinians (c. 7 § 1 Cod. ad S. C. Mac. 4, 28) sind die filii familias milites von den beschränkenden Bestimmungen des S. C. Maced. allgemein entbunden worden. Für das justinianische Recht ist also die im Texte hervorgehobene Doppelstellung der filii familias milites — nicht auch die gleiche Doppelstellung derjenigen, welche ein peculium quasi castrense hatten — beseitigt. Dies sagt deutlich der Tenor des Gesetzes: nulla differentia introducenda, ob quam causam pecuniae crediteae vel ubi consumptae sint.

Die gegentheilige Ansicht Windscheid's (Lehrbuch) §. 373 Note 6) dürfte die mit „enim" eingeleiteten Motive des Gesetzes mit dem aufgestellten Rechtssatze selbst verwechseln. Die „praesumptio", welche als Motiv angeführt wird, daß „omnis miles non creditur in aliud quidquam pecuniae accipere et expendere nisi in causis castrensibus", drückt nur aus, daß, was thatsächlich die Regel bilde, für die legislative Behandlung entscheidend sein solle. Die besondere Motivirung deutet zugleich darauf hin, daß Justinian das bisherige Recht ändern wollte. Nach der Auslegung Windscheid's würde es bei dem bisherigen Recht geblieben sein. Diese besondere Motivirung schließt zugleich die Annahme aus, daß etwa schon eine uns verloren gegangene ältere constitutio die unbedingte Darlehnsfähigkeit der filii familias milites ausgesprochen habe. Die Worte „nulla differentia introducenda" könnten so verstanden werden. Sie bedeuten aber hier im Sinne der damaligen Kanzleistils nichts anderes, als der präzisere aber schmucklosere Ausdruck „nulla differentia facienda" bedeuten würde.

Interessant ist übrigens der Gegensatz der römischen Rechtsbildung, wonach die filii familias milites gegen die Regel darlehnsfähig waren, und des preußischen Rechts, welches die Subalternoffiziere ausnahmsweise für darlehnsunfähig erklärt bez. den Konsens des vorgesetzten Kommandeurs erfordert. (§. 678 ff. I. 11. A. L. R.)

genommenen Darlehen nur während der Dauer der väterlichen Gewalt in dieser Weise beschränkt haftete. Vielmehr blieb es auch nach deren Aufhebung bei dieser beschränkten Haftung. Für die Haftung des jetzt zum pater familias gewordenen früheren Haussohnes blieb maßgebend der Betrag, welchen sein peculium castrense zur Zeit der Aufhebung der väterlichen Gewalt gehabt hatte — selbstverständlich, soweit nicht der Gesichtspunkt der Bereicherung eine weitergehende Haftung begründete. Daß dies die einzig konsequente Entscheidung der Frage ist, leuchtet ein. An einem quellenmäßigem Beleg fehlt es allerdings — wenigstens meines Wissens. Erwähnt mag hier werden, daß das preußische Recht die Haftung der Ehefrau bez. ihrer Erben für einseitig von ihr auf das vorbehaltene Vermögen kontrahirte Schulden nach aufgelöster Ehe in dieser Weise korrekt abgegränzt hat. (§. 619 II. 1 A. L. R.)

Das römische Recht kennt, soweit ich es im Augenblick übersehen kann, außer dieser Doppelstellung des filius familias miles keinen weiteren Fall relativer Handlungsfähigkeit. Auch die gesetzliche Beschränkung der Minderjährigen, welche durch kaiserliches Rescript die venia aetatis erlangt hatten, bezüglich der Veräußerung und Verpfändung ihrer Immobilien gehört nicht hierher. Denn insoweit hat der Minderjährige keineswegs die Doppelstellung, welche hier in Frage steht. Vielmehr handelt es sich dabei um eine absolut beschränkte Handlungsfähigkeit. Solche Personen können diese Art von Rechtsgeschäften — Veräußerung und Verpfändung von Immobilien — überhaupt nicht vornehmen. Hier steht aber in Frage die in derselben Person gleichzeitig zusammentreffende Befähigung und Nichtbefähigung zur Vornahme eines Rechtsgeschäfts, je nachdem dieses Rechtsgeschäft dem einen oder dem andern Geschäftskreise angehört.

Speziell die für das preußische Recht so bedeutsame Doppelstellung der Frauen bezüglich ihres eingebrachten und freien Vermögens mußte dem römischen Recht fremd bleiben. Das römische eheliche Güterrecht faßte das eingebrachte Vermögen der Frau, jedenfalls für das hier allein entscheidende Verhältniß nach außen, als in das Eigenthum des Mannes eingetreten auf. Andererseits war die Ehefrau bezüglich der Verfügung über ihr vorbehaltenes Vermögen unbeschränkt. Die römische Ehefrau hatte eine nach beiden Seiten hin klare Stellung — einen einheitlich geregelten status personae.

Anders liegt die Sache nach den modernen Rechten. Hier finden wir eine Anzahl von Fällen, in welchen eine im Allgemeinen nicht voll handlungsfähige Person für einen gewissen Geschäftskreis voll handlungsfähig ist.

Es möge hier im Einzelnen besprochen werden: die relative Handlungs- und folgeweise auch Wechselfähigkeit der minderjährigen Kauf-

Leute, der **Ehefrauen** und der **Hauskinder**. Es bedarf dabei kaum der Bemerkung, daß es sich dabei überall nur handelt um die Befähigung oder Nichtbefähigung solcher Personen **in eigenem Namen** Rechtsgeschäfte abzuschließen, insbesondere Verbindlichkeiten zu übernehmen. Die Befähigung für dritte Personen zu handeln, steht hier überall nicht in Frage. Insbesondere gilt dies auch bezüglich der Befähigung und Berechtigung der Ehefrauen, innerhalb der häuslichen Wirthschaft **Namens des Mannes** zu kontrahiren und denselben zu verpflichten. Diese sogenannte „Schlüsselgewalt" der Ehefrau, der Umfang derselben und alle sonstigen auf dieselbe bezüglichen, zum Theil sehr diffisilen Rechtsfragen liegen außerhalb unseres Thema's.

1) **Die relative Handlungs- und Wechselfähigkeit der minderjährigen Kaufleute.**

Speziell dieser Fall relativer Handlungsfähigkeit ist es, für welchen Thöl die Möglichkeit der relativen Wechselfähigkeit und Wechselunfähigkeit in einer Person verneint hat. Damit tritt Thöl, was zunächst das gemeine Recht anbetrifft, in Widerspruch mit den Grundsätzen, welche er selbst an anderer Stelle (Handelsrecht §. 17 Nr. 8) für den Fall aufstellt, daß ein Minderjähriger mit Zustimmung des Kurators selbstständig ein Handelsgewerbe betreibt.

Thöl selbst hebt dort hervor, daß der Minderjährige, der mit Konsens des Vormundes ein Handelsgewerbe betreibt, nur bezüglich derjenigen Geschäfte einem Volljährigen gleichsteht, welche zu seinem Gewerbebetriebe gehören. Damit ist aber jene rechtliche Doppelstellung der minderjährigen Kaufleute anerkannt. Die Anwendung des Grundsatzes auf die Wechselgeschäfte ergiebt sich von selbst. Richtig ist allerdings, daß die älteren Wechselordnungen, die der Wechselfähigkeit der minderjährigen Kaufleute Erwähnung thun, wohl der Mehrzahl nach diese Unterscheidung dabei nicht aufstellen. Aber keinesfalls gilt dies für alle. Die Leipziger Wechselordnung von 1682 (§. 2) und die Frankfurter Wechselordnung von 1739 (§. 9) beschränken die Wechselfähigkeit ausdrücklich auf die **in dem Handelsgeschäft** gezeichneten Wechsel.

Auf demselben Standpunkt steht jedenfalls das **Preußische Landrecht** §. 21 I. 5:

„Pflegebefohlene, welche unter vormundschaftlicher Genehmigung sich zu einem gewissen Zwecke oder Geschäfte bestimmt haben, sind fähig alle Verträge zu schließen, ohne welche sie diese Bestimmung nicht erfüllen können."

Die von Thöl angefochtene Entscheidung des Berliner Obertribunals

(Striethorſt 38 S. 58; Archiv für Wechſelrecht 10 S. 261) iſt alſo unbedingt richtig.

Und daſſelbe gilt auch für das französische (rheinische) und badische Recht (Art. 487 code civil — badiſches Landrecht Satz 487). Schon die Ordonnance sur le commerce von 1673 hatte (titre I. art. 6) — die bisherige Praxis aufnehmend — den Satz aufgeſtellt:

„Tous Négocians et Marchands en gros ou en détail, comme aussi les Banquiers seront réputés majeurs pour le fait de leur commerce et Banque, sans qu'ils puissent estre restitués sous prétexte de minorité."*)

Insbesondere galt dieſe nur relative Handlungsfähigkeit auch für die Uebernahme von Wechselverpflichtungen. Nur inſoweit waren die von einem minderjährigen Kaufmanne gezeichneten Wechſel gültig, als dieſelben innerhalb des Handelsbetriebes gezeichnet waren. Zum Beleg mag hier eine Stelle aus dem berühmten Kommentar zur ordonnance sur le commerce von Jousse (ad h. l.) Platz finden:

„Les mineurs peuvent par la même raison endosser des Lettres de change et cautionner d'autres Marchands, pourvu que ce cautionnement soit dépendant de leur commerce. Mais un Mineur Marchand ou Banquier, qui se seroit rendu caution ou certificateur pour raison d'une dette étrangère à son commerce pourroit se faire restituer contre un pareil engagement. Ainsi par Arrêt du mois d'Avril 1601 etc."

In der gleichen Weiſe beſtimmt der genannte Artikel 487 code civil:

---

*) Da, wo eine Handels= und Gewerbsmatrikel (maitrise) geführt wurde, waren nur die in die Matrikel eingetragenen Minderjährigen in dieſer Weiſe relativ handlungsfähig. Eingetragen wurde nur, wer 20 Jahre alt war, während damals in Frankreich das Volljährigkeitsalter des gemeinen Rechts (25 Jahre) galt. Wo keine Matrikel geführt wurde, wurden auch die noch jüngeren Minderjährigen, inſofern ſie thatſächlich Handel trieben, als relativ handlungsfähig angeſehen. Vergl. die Kommentare von Bornier und Jousse ad h. l.

Dieſer Rechtszustand entspricht der älteren italieniſchen Doktrin. Vergl. über den minor approbatus industriosus, der dem minor qui veniam aetatis impetravit gleichgeſtellt wurde, Bartolus ad l. 1 C. qui et adversus quos, Baldus ad eund. loc. (ed. Venetiis 1536 p. 160). Barth. de Saliceto ad eund. loc. und Straccha de mercat. III. 26, 29. Vergl. auch. Ans. de Ansaldis discurs. gen. No. 88, 89, 92. — Auch Casaregis hat die rechtliche Stellung des minderjährigen Kaufmanns vielfach erörtert. Vergl. den index zu den discursus legales s. v. minor.

„Le mineur émancipé, qui fait un commerce, est reputé majeur pour les faits relativs à ce commerce."

Artikel 144 code de commerce spricht allerdings die Unverbindlichkeit nur der lettres de change souscrites par des mineurs non negocians aus. Allein mit Unrecht würde man hieraus ein vermeintliches argumentum e contrario dafür entnehmen, daß das französische Recht eine unbedingte Wechselfähigkeit der mineurs marchands anerkenne. Entscheidend ist vielmehr, ob der Wechsel in oder außerhalb des Handelsgewerbes ausgestellt beziehungsweise indossirt worden ist. Dies ist auch der Standpunkt der französischen Doktrin und Jurisprudenz — mit dem Vorbehalte jedoch, daß dem minderjährigen Kaufmann, welcher die Ungültigkeit seines Wechselversprechens wegen mangelnder Vertragsfähigkeit behauptet, der Nachweis obliegt, daß der von ihm gezeichnete Wechsel seinem Handelsgewerbe fremd sei.*) Für das Geltungsgebiet des deutschen Handelsgesetzbuchs ist übrigens dieser Vorbehalt in noch durchgreifenderer Weise anerkannt in Art. 274 Abs. 2, wonach die von einem Kaufmann gezeichneten Schuldscheine, zu welchen hier auch die Wechsel gehören, als im Betriebe des Handelsgewerbes gezeichnet gelten, sofern nicht aus dem Schuldscheine selbst das Gegentheil sich ergiebt.**)

*) Cass. 15 novembre 1813 [Rej.]. Vergl. Pardessus droit commercial art. 62 (éd. Rozière I. p. 65). Diese Präsumtion für die Handelsgeschäftsqualität ist dem älteren Recht fremd. Weder der Commentar von Bornier noch der von Jousse wissen davon, und auch Pothier contrat de change art. 28 weiß von einer solchen Präsumtion für die Handelsgeschäftsqualität noch nichts.

**) Das holländische Recht hat bezüglich der relativen Handlungsfähigkeit der minderjährigen Kaufleute den gleichen Standpunkt. (Art. 484 B. W., vergl. auch Cremers aantekeningen — eine Art holländischer „Rönne" — ad h. l.).

Anders ist dagegen der Standpunkt des englischen Rechts. Dasselbe erkennt eine Vertrags- und Verpflichtungsfähigkeit der infants — worunter im Gegensatz zu den adults, den Volljährigen, alle noch nicht 21 Jahre alten Personen ohne weitere Unterscheidung der verschiedenen Altersstufen innerhalb dieser Altersgrenze verstanden werden — unbedingt nur an bezüglich der von ihnen „for necessaries" d. h. zur Beschaffung von Lebensbedürfnissen abgeschlossenen Geschäfte. Für den Umfang dieses Begriffs sind selbstverständlich die Vermögensverhältnisse und die soziale Stellung des infant maßgebend. Ueber dieses engbegrenzte Geschäftsgebiet hinaus wird der infant durch den etwaigen Betrieb eines Handelsgewerbes nicht veräußerungs- und verpflichtungsfähig. Seine rechtliche Stellung wird durch einen solchen selbstständigen Geschäftsbetrieb nicht alterirt. Dies ist in der englischen Praxis anerkannt. Vergl. Addison law of contracts 5. ed. p. 937, Chitty law of contracts 9. ed. p. 137; Chitty, law of commerce III. p. 15; Smith, mercantile law 5. ed. p. 17; Atkinson contract of sale p. 5 [eingehende Kasuistik des Begriffs der „necessaries"]; Story (William), sale of personal property 3. ed. Boston 1862. Sect. 20; Parsons on contracts I. ch. 17, 6 ed. Boston 1872

Ich wende mich zu dem zweiten Fall.

2) **Die relative Handlungs- und Wechselfähigkeit der Ehefrauen.**

Insoweit dabei in Frage kommt die relative Selbstständigkeit der Handelsfrauen bedarf es keiner weiteren Darlegung. Es kann einfach verwiesen werden auf die einschlagenden Bestimmungen des Handelsgesetzbuches (Art. 6—9), sowie auf die Darstellung Thöls in seinem Handelsrecht (§. 50).

Anders aber liegt die Sache bezüglich der relativen Handels- und insbesondere auch Wechselfähigkeit solcher Ehefrauen, welche nicht Handelsfrauen sind. Wir begegnen hier einem überaus interessanten Gegensatz zwischen dem gemeinen, dem französischen und dem preußischen Rechte, mit welch letzterem auch das sächsische Gesetzbuch im Wesentlichen übereinstimmt. Die Darlegung dieses Gegensatzes soll uns im Folgenden beschäftigen. Bezüglich der Konsequenzen, welche sich daraus speziell für die Frage der Wechselfähigkeit der nicht Handel treibenden Ehefrauen ergeben, werden wenige Worte genügen.

Ich habe bereits oben hervorgehoben, daß das **römische** und entsprechend das **gemeine** Recht das eheliche Güterrecht in einer Weise geordnet hat, welche einerseits dem Ehemanne und andrerseits der Ehefrau eine nach allen Seiten hin klare und einheitlich geordnete rechtliche Stellung gab. Was überhaupt von dem Vermögen der Frau dem Manne als Heirathsgut bestellt wird, gilt als Eigenthum desselben. Bezüglich des vor-

---

p. 325—372. Letztere Darstellung eines hervorragenden amerikanischen Juristen ist, soweit mir bekannt, die eingehendste Darstellung. Vergl. auch Code of Newyork sect. 17—19.

Speziell bezüglich der kontroversen Frage, ob ein infant aus einem „for necessaries" gezeichneten Wechsel haftet, vergl. Chitty, bills of exchange 10. ed. p. 12; Byles bills of exchange 10. ed. p. 58.

Es braucht nicht speziell hervorgehoben zu werden, daß die Beschränkung der Handlungsfähigkeit der Minderjährigen auf dieses bestimmte Geschäftsgebiet (for necessaries) ein eigenthümlich gestalteter Fall der oben als „relative Handlungsfähigkeit" bezeichneten rechtlichen Doppelstellung ist. Die Handlungsfähigkeit ist gewährt und versagt nicht für verschiedene Gattungen von Rechtsgeschäften, sondern für verschiedene Geschäftskreise.

Nach preußischem Recht haben wir übrigens eine ganz ähnlich bestimmte relative Handlungsfähigkeit bei solchen Minderjährigen und Hauskindern, welche mit Genehmigung des Vormunds beziehungsweise des Vaters sich auswärts aufhalten, z. B. bei den minderjährigen oder unter väterlicher Gewalt stehenden Studenten. Vgl. §. 21 I. 5 und §. 127 II. 2 A. L. R.

behaltenen Vermögens der Frau wird deren rechtliche Stellung überhaupt nicht geändert. Das römische Recht hat das eheliche Güterrecht und die rechtliche Stellung der Frau zu ihrem eingebrachten, sowie zu ihrem vorbehaltenen Vermögen gestaltet nach den für den Verkehr mit Dritten maßgebenden Gesichtspunkten. Die innere Seite dieses Verhältnisses ist unentwickelt geblieben. Man hat sich im Wesentlichen damit begnügt, die obligatorische Seite des Verhältnisses, die Verpflichtung des Mannes zur Restitution des Empfangenen nach aufgelöster Ehe auszubilden, und im Uebrigen nur einzelne Schutzmaßregeln zu Gunsten der Frau, insbesondere bezüglich der Veräußerung und Verpfändung des fundus dotalis zu treffen.*) So hat die Frau während der Ehe eine nach beiden Seiten hin klare rechtliche Stellung. Einerseits — bezüglich ihres vorbehaltenen Vermögens — behält sie ihre volle Handlungsfähigkeit; andererseits — bezüglich ihres eingebrachten Vermögens — ist eine Verfügungsgewalt der Frau überhaupt ausgeschlossen. Beschränkungen ihrer Handlungsfähigkeit können insoweit überhaupt nicht in Frage kommen. Demgemäß hat also das Reichsgericht — damals noch Bundesoberhandelsgericht — für das Herzogthum Westfalen um deswillen, weil dort das reine Dotalrecht gelte, mit Recht eine uneingeschränkte Handlungsfähigkeit und damit zugleich eine ohne Weiteres vorhandene Wechselfähigkeit der Ehefrau anerkannt.**)

Von diesem römischen und gemeinrechtlichen Standpunkte aus hat der selbständige Betrieb eines Handelsgewerbes seitens einer Ehefrau auf deren Handlungsfähigkeit einen Einfluß überhaupt nicht. Nach gemeinem Recht hat bereits die Ehefrau, auch ohne Handelsfrau zu sein, diejenige volle Handlungsfähigkeit, welche nach anderen Rechten die Kauffrau erst durch ihren selbständigen Handelsbetrieb und eingeschränkt auf die innerhalb des Handelsbetriebs vorgenommenen Rechtsgeschäfte erhält. Allerdings be-

---

*) Zuerst durch die lex Julia de adulteriis (a. u. 737), welche Veräußerungen des praedium Italicum dotale von der Zustimmung der Frau abhängig machte, Verpfändungen aber ganz ausschloß. Zur Zeit des Gajus war es noch kontrovers, ob dieses Verbot auch auf die praedia provincialia auszudehnen sei. (Gaj. II. 63.) Aus Pauli sent. rec. (II. 21) wissen wir, daß die lex Julia, von der Gajus und die Digesten sprechen, die genannte lex war. Darauf wiesen übrigens schon die Inskriptionen der im Pandektentitel de fundo dotali aufgenommenen Stellen aus Ulpianus libr. V. de adult. und aus Paulus libro III. de adult. hin. Augustinus de legibus et Sen. Cons. bespricht noch eine vermeintliche besondere lex Julia de fundo dotali (ed. Lugd. 1592 p. 91).

Erst Justinian hat auch die Veräußerungen des fundus dotalis allgemein und ohne Rücksicht auf die Zustimmung der Frau ausgeschlossen. Das kanonische Eidesrecht hat den Fall eidlicher Bekräftigung des Geschäfts durch die Frau ausgenommen.

**) Entsch. des Bundes-Oberhandelsgerichts II. S. 408.

darf auch die nach reinem Totalrecht lebende Ehefrau nach Artikel 7 des Handelsgesetzbuchs der Einwilligung des Ehemannes zum Betrieb eines Handelsgewerbes. Allein dies ist nicht eine Folge der zwischen den Ehegatten bestehenden vermögensrechtlichen Beziehungen. Es ist ohne Weiteres schon eine Folge der persönlichen Abhängigkeit der Frau von dem Manne und eine praktische Konsequenz der ihr obliegenden häuslichen Pflichten. In dieser Weise faßt, wie gleich hier erwähnt werden mag, auch das Preußische Landrecht das Erforderniß der Einwilligung des Mannes zu einem Gewerbebetriebe der Frau auf. Die desfallsige Vorschrift (§. 195 II. 1) findet sich in dem Abschnitte, der von den Rechten und Pflichten der Eheleute in Bezug auf ihre Personen handelt, und ist eine Konsequenz der in dem vorhergehenden Paragraphen ausgesprochenen Verpflichtung der Frau, dem Hauswesen des Mannes nach dessen Stand und Rang vorzustehen. Sie ist ein einzelner Anwendungsfall der in dem folgenden Paragraphen generell aufgestellten Vorschrift, daß die Frau ohne des Mannes Einwilligung „keine Bedingungen eingehen kann, wodurch in Bezug auf ihre Person die Rechte des Mannes gekränkt werden."

Wesentlich anders als nach römischem Recht gestaltet sich die rechtliche Stellung der Frau nach den modernen Rechten. Hier wirkt die Ehe unmittelbar auf die Handlungsfähigkeit der Ehefrau ein.

Unverkennbar hat hier die Geschlechtsvormundschaft des deutschen Rechts die Rechtsbildung beeinflußt.

Was zunächst die nicht gütergemeinschaftliche Ehe betrifft, so berühren die Rechte, die hier der Mann an bestimmten oder auch an allen einzelnen Vermögensobjekten der Frau hat, an und für sich in keiner Weise die Dispositions- und Verpflichtungsfähigkeit der Frau. Es ist nur die Dispositionsbefugniß der Ehefrau über die betreffenden Vermögensobjekte, welche durch diese Rechte des Mannes eine Einschränkung erleiden. Wenn und insoweit dem Manne an dem in die Ehe eingebrachten Vermögen der Frau ein Verwaltungs- und Nutzungsrecht zusteht, ist natürlich die Frau nicht mehr in der Lage über diese Objekte frei und ohne Rücksicht auf dieses Nutzungsrecht des Mannes zu verfügen. Sie kann die dem Nutzungsrechte des Mannes unterworfenen Vermögensgegenstände ebensowenig uneingeschränkt veräußern und verpfänden, als ein sonstiger Eigenthümer dies zum Nachtheil des Nießbrauchers zu thun vermag. Aber sowenig ein anderer Eigenthümer durch das bestehende Nießbrauchsrecht eines Dritten in seiner Verfügungsgewalt in weiterem Umfange eingeschränkt wird, als die Erhaltung des seiner Verfügung entzogenen Nießbrauchsrechtes des Andern nothwendig mit sich bringt, ebensowenig braucht dies an sich bei der Ehefrau wegen des Verwaltungs- und Nutzungsrechtes des Mannes der

Fall zu sein. Sie würde völlig befähigt und berechtigt bleiben können z. B. ihre Grundstücke in der Weise zu veräußern, daß das Eigenthum des Erwerbers ganz so durch das Verwaltungs- und Nutzungsrecht des Mannes beschränkt bleibt, wie bisher das Eigenthum der Frau selbst durch diese Rechte des Mannes beschränkt war. Sie würde nicht minder befähigt bleiben können Schulden in beliebiger Höhe und aus beliebiger Veranlassung zu kontrahiren, selbstverständlich mit dem Vorbehalt, daß eine Exekution in das dem Nießbrauch des Mannes unterstellte Vermögen der Frau während der Dauer dieses Nießbrauchs ausgeschlossen bleibt.

Aber ganz dasselbe muß an und für sich auch für die **gütergemeinschaftliche Ehe** gelten. An und für sich würde die rechtliche Stellung der Frau durch eine mit dem Abschluß der Ehe eintretende, sei es allgemeine, sei es partielle communio bonorum zwischen ihr und ihrem Ehemann nicht mehr und nicht anders beeinflußt werden als dies bei jeder andern Art vertragsmäßiger oder zufälliger communio der Fall ist. Mag auch dem Manne allein das Recht vorbehalten bleiben die Gemeinschaft zu vertreten, damit wird an und für sich nur die Dispositionsbefugniß der Frau über die gemeinschaftliche Vermögensmasse ausgeschlossen. Sie kommt in eine Lage analog derjenigen eines von der Geschäftsführung ausgeschlossenen Handelsgesellschafters. Aber dadurch wird an sich weder die Dispositionsbefugniß über ihre von der Gemeinschaft ausgeschlossenen Vermögensgegenstände aufgehoben, noch auch die Fähigkeit rechtsgültig Schulden nach Belieben zu kontrahiren. Auch in diesem Falle würden die Rechte des Mannes an dem gemeinschaftlichen Vermögen jedenfalls nur die Exekution in dieses Vermögen für die Gläubiger der Frau ausschließen können.

Allein, wie bereits angedeutet, die auf germanischer Grundlage entwickelten modernen Rechte haben sich nicht damit begnügt die rechtliche Stellung der Ehefrauen in dieser Weise zu gestalten. Indem mit den vermögensrechtlichen Befugnissen des Mannes bezüglich der Verwaltung und Nutzung des Vermögens der Frau die Geschlechtsvormundschaft als eheliche Vormundschaft (mundium) des Mannes über die Person und das Vermögen der Frau zu einer einheitlichen Rechtsbildung zusammenfloß, ist an die Stelle bloßer Beschränkungen der Dispositionsbefugniß eine wirkliche Beschränkung der Dispositionsfähigkeit getreten. Die Ehefrau ist in den modernen Rechten eine Person, welche der allgemeinen rechtlichen Qualitäten volljähriger Personen entbehrt. Sie ist eine nicht wie andere volljährige Personen voll, sondern eine nur beschränkt handlungsfähige Person, deren Rechtsgeschäfte zur rechtlichen Gültigkeit des Konsenses des Mannes bedürfen. Der Abschluß der Ehe bewirkt in der That für die bereits volljährige Ehefrau eine Herabminderung ihres status personae — eine „capitis deminutio".

Ganz direkt und unzweideutig ist dies ausgesprochen in der französischen Gesetzgebung Art. 1124 code civil. Les incapables de contracter sont: .... Les femmes mariées, dans les cas exprimés par la loi.

Allein diese Beschränkung der Handlungsfähigkeit ist keineswegs in allen modernen Rechten in derselben Weise und in dem gleichen Umfange durchgeführt. Insbesondere tritt in dieser Beziehung ein interessanter Gegensatz hervor zwischen dem preußischen und dem französischen Rechte.

Das französische Recht hat im Allgemeinen den Grundsatz, daß die Ehefrau auch in ihren eigenen Rechtsangelegenheiten nur mit Zustimmung ihres Mannes gültige Rechtsgeschäfte vornehmen kann, konsequent — ohne zwischen den verschiedenen ehelichen Gütersystemen und Vermögensmassen zu unterscheiden — durchgeführt. Insbesondere ist in dem französischem Rechte das Erforderniß der autorisation maritale im Allgemeinen festgehalten auch für die Fälle, in welchen die Ehefrau ihre biens personels selbst zu verwalten hat. Auch für diese Fälle findet eine Ausnahme nur insoweit statt, als es sich um actes d'administration, d. h. um solche Rechtsgeschäfte handelt, welche durch die ordnungsmäßige Erhaltung, Bewirthschaftung und Nutznießung dieser biens personels veranlaßt werden. Daß übrigens zu diesen actes d'administration auch die Verwerthung der gezogenen Früchte, des abgängigen oder entbehrlichen Inventars, überhaupt alle im Laufe einer ordnungsmäßigen Wirthschaft veranlaßten Veräußerungen der beweglichen Vermögensstücke zu rechnen sind und gerechnet werden, bedarf kaum der Erwähnung.

Bekanntlich unterscheidet das französische Recht zwischen dem sogenannten régime en communauté und dem sogenannten régime dotal.

Das Karakteristische des régime en communauté ist, daß das gesammte Vermögen der Frau einem Verwaltungs- und Nutzungsrecht des Mannes unterstellt ist. Es ist also dieses System das von Gerber sogenannte System der Gütereinheit, allerdings zugleich in der Regel kombinirt mit einer theilweisen Gütergemeinschaft. Und zwar ist bekanntlich das gesetzliche Gütersystem Frankreichs die sogenannte Mobiliargemeinschaft d. h. es besteht einerseits Miteigenthum bezüglich des vorhandenen Mobiliarvermögens, andererseits eine Sozietät der Ehegatten bezüglich der Vermehrung und Verminderung des Mobiliarvermögens. Es kann aber der Umfang, innerhalb dessen dieses Miteigenthum und eine solche Sozietät auf Gedeih und Verderb besteht, in der mannigfachsten Weise durch den Ehevertrag erweitert oder eingeengt werden. Es kann insbesondere auch jede derartige Verschmelzung des beiderseitigen Vermögens zu einer einheitlichen beiden Ehegatten gemeinschaftlichen Vermögensmasse ausgeschlossen werden. Dies ist die sogenannte „clause portant que les époux se marient sans communauté". Das Verwaltungs- und Nutzungsrecht des Mannes wird dadurch nicht berührt. In diesem Falle haben wir das von Gerber sogenannte System der Gütereinheit ganz rein, ganz in dem Sinne, in welchem der Sachsenspiegel und der Schwabenspiegel sagen, daß „Mann und Frau kein gezweites Gut haben".

Innerhalb dieses régime en communauté ist überhaupt kein Raum für eine eigene Administration der Frau, so daß hier nicht einmal in dem oben angedeuteten Umfange — bezüglich der actes de simple administration — eine relative Handlungsfähigkeit der Frau besteht. Ob und in welchem Umfange eine wirkliche Gütergemeinschaft, eine communauté, besteht, ist dabei ganz gleichgültig, und berührt die Handlungsfähigkeit der Frau nicht. Sie bleibt handlungsunfähig selbst dann, wenn vertragsmäßig jede Gütergemeinschaft zwischen den Ehegatten ausgeschlossen ist. Denn nicht ob und in welchem Umfange die einzelnen Vermögensbestandtheile Allein-Eigenthum der Frau oder gemeinschaftliches Vermögen beider Ehegatten sind, ist für die Handlungsfähigkeit der Ehefrau entscheidend. Entscheidend dafür ist lediglich, ob der Frau selbst oder ob in ihrem Namen dem Ehemann die Verwaltung und Disposition über das der Frau, sei es allein, sei es gemeinschaftlich mit dem Ehemann und nur antheilsweise gehörige Vermögen zusteht.

Innerhalb dieses sogenannten régime en communauté oder richtiger ausgedrückt außerhalb des régime dotal besteht eine relative Handlungsfähigkeit der Ehefrau — aber immer nur in dem oben angedeuteten Umfange, beschränkt auf die actes de simple administration — nur für den Fall der sogenannten séparation de biens, d. h. der Ausschließung nicht blos jedes Sozietätsverhältnisses zwischen den Ehegatten, sondern zugleich auch jenes Verwaltungs- und Nutzungsrechts des Ehemannes, das ich oben als in erster Linie für das régime en communauté karakteristisch bezeichnet habe. Mag diese séparation de biens als das für die Ehe geltende Gütersystem von Anfang an im contrat de mariage vereinbart sein (séparation de biens conventionelle), oder mag dieselbe erst nachträglich wegen schlechter Wirthschaft des Mannes im Interesse der Frau durch das Gericht angeordnet worden sein (séparation de biens judiciare) — in beiden Fällen bleibt der Frau selbst die Verwaltung ihres Vermögens überlassen, und es ist damit eine Handlungsfähigkeit der Ehefrau anerkannt. Aber immer nur eine relative Handlungsfähigkeit. Selbst in dem letzteren

Falle, wenn die séparation de biens wegen schlechter Wirthschaft des Mannes angeordnet worden ist, ist es immer nur eine Handlungsfähigkeit in jenem beschränkten Umfang — beschränkt auf die actes de pure administration. Nur diese, keine anderen Rechtsgeschäfte kann die Frau rechtsgültig vornehmen ohne autorisation maritale.

Den Gegensatz zu diesem sog. régime en communauté bildet das régime dotal. Ihm ist karakteristisch das eigene Verwaltungs- und Nutzungrecht der Frau bezüglich ihrer biens personels. Und zwar umfassen diese biens personels, welche hier dem römischen Ausdruck entsprechend biens paraphernaux genannt werden, das gesammte Vermögen der Frau, soweit es nicht dem Manne ausdrücklich zur dot bestellt ist. Insoweit — bezüglich des Umfangs der dot gegenüber den Paraphernalgütern — entspricht also das régime dotal dem römischen Recht, nicht unserem sogenannten modifizirten Dotalsystem, bei welchem das gesammte Vermögen der Frau dem Verwaltungs- und Nutzungsrecht des Mannes ohne Weiteres unterstellt ist, insoweit dasselbe nicht ausdrücklich der Frau zur eigenen Verwaltung und Nutzung vorbehalten ist (bona receptitia). Andererseits tritt nach französischem Recht die bestellte dot nicht wie nach römischem Rechte in das Eigenthum des Mannes ein, vielmehr ist an derselben dem Manne lediglich ein Verwaltungs- und Nutzungsrecht eingeräumt. Wir haben also hier eine Rechtsbildung, bei welcher in der einen Richtung das römische Recht aufgenommen, in der anderen Richtung die deutschrechtliche Auffassung maßgebend geworden ist.

Vor der Kodifikation war in den Ländern des droit écrit für die rechtliche Stellung der Frau bezüglich ihrer biens paraphernaux das römische Recht uneingeschränkt maßgebend. Die Frau hatte eine völlig freie Verfügungsgewalt und eine uneingeschränkte Verpflichtungsfähigkeit bezüglich ihres dem Manne nicht zur dot bestellten Vermögens.*) Anders ist dies nach dem heutigen Rechte, indem das in Art. 217 Code civil aufgestellte Erforderniß der autorisation maritale auch im Falle des régime dotal für die Rechtsgeschäfte der Frau bezüglich ihrer biens paraphernaux gilt. Demgemäß sind es auch hier lediglich die actes de simple administration, die durch die Erhaltung, Bewirthschaftung und Nutznießung der biens

---

*) Vergl. Maleville in den Procès-verbaux du conseil d'état I. p. 289 und in seiner analyse raisonnée ad art. 1576. An letzterer Stelle finden sich auch mehrere literarische Nachweise bezüglich der dem römischen Recht konformen Jurisprudenz des droit écrit. — Daß übrigens das Erforderniß der autorisation maritale nicht, wie Portalis meinte, die Frau gegen die Verschwendung ihres Vermögens durch den Mann schützen kann, ist klar. Dazu hätte es einer Gleichstellung der fonds paraphernaux mit den fonds dotaux bezüglich der Unveräußerlichkeit bedurft.

paraphernaux veranlaßten Rechtsgeschäfte, welche die Frau für sich allein, ohne autorisation maritale rechtsgültig abzuschließen befähigt ist. Nur innerhalb dieser enggezogenen Schranken besteht also eine relative volle Handlungsfähigkeit der Frau. Für alle durch die laufende Verwaltung nicht veranlaßten Geschäfte bedarf auch die nach Dotalrecht lebende Frau der autorisation maritale. Auch die nach Dotalrecht lebende Frau ist also — ganz in derselben Weise, wie die femme séparée de biens — im Allgemeinen und abgesehen von jenen Ausnahmen eine nur beschränkt handlungsfähige Person.

In der hier dargelegten Weise ist die Antinomie zwischen Art. 217 einerseits und den den Fall der séparation de biens behandelnden Art. 1449, 1536 und 1538 sowie dem auf die biens paraphernaux bezüglichen Art. 1576 code civil andererseits zu lösen. Bezüglich der rechtlichen Stellung der femme séparée de biens hat der code civil es bei dem bisherigen Rechte belassen. Die Unterscheidung zwischen den actes d'administration, welche keiner Autorisation des Mannes bedürfen, und den sonstigen Dispositions- und Verpflichtungsakten der Frau, welche einer solchen bedürfen, ist der älteren Literatur des droit coutumier, auf welchem das heutige régime en communauté beruht, geläufig. Es mögen als Beleg dienen die berühmten arrêtés des Pariser Parlamentspräsidenten Lamoignon, welche schon Jahre lang, ehe sie gedruckt waren, in Paris im Manuskript zirkulirten und einem Gesetzbuche gleich Ansehen genossen (vergl. Tit. 32 Art. 83 daselbst).

Ferner die Darstellung von Bourjon, in dessen großem Werke „le droit commun de le France et la coutume de Paris reduits en principes" (Paris 1770) I. p. 586 rc., welcher neben vielen Belegen aus der Literatur insbesondere auch eine konstante Praxis des Pariser Stadtgerichts, des sogen. Chatelet, bezeugt, wonach die femme séparée de biens ohne Genehmigung des Mannes nur actes d'aministration vorzunehmen befugt und befähigt war. Ebenso Argou institution au droit français (Paris 1787) II. p. 102, der hier fast wörtlich mit Lamoignon übereinstimmt.

Ganz der obigen Darstellung entspricht auch die Erörterung der Frage bei Pothier in seinem traité de la puissance du mari no. 15 (ed. Siffrein VII. p. 441). Das Wesen der relativen Handlungsfähigkeit ist hier so gut bezeichnet, daß diese Stelle hier abgedruckt werden mag:

„.... la seule différence, que la séparation de biens met entre la femme, qui est séparée de biens et celle, qui ne l'est pas, par rapport à la nécessité de l'autorisation, est que la femme qui n'est pas séparée ne peut faire valablement aucun acte, aucun contrat, quel qu'il soit, sans autorisation de son mari ou du juge. Au contraire, la femme séparée ayant, par sa séparation, le droit d'administrer elle-même ses biens, les coutumes l'ont dispensée de l'autorisation pour tous les actes, qui ne concernent que la simple administration de ses biens.

C'est ainsi, qu'il faut entendre ce qui est dit en article 234 de la coutume de Paris: „Une femme mariée ne se peut obliger sans le consentement de son mari, si elle n'est séparée par effet ou marchande publique".

Le sens de cet article est, que la femme mariée, qui n'est ni séparée ni marchande publique ne peut en aucun cas, par quelque acte ou par quelque contrat que ce soit, s'obliger sans le consentement de son mari.

Mais on n'en doit pas conclure que celle qui est séparée puisse indistinctement, pour quelque acte que ce soit se passer de l'autorisation de son mari: elle peut s'en passer seulement pour les actes et contrats, qui ne concernent que l'administration de ses biens, que la séparation lui donne droit d'administrer.

A l'égard de tous les autres actes, comme seraient les contrats de vente ou d'échange d'un héritage, un emprunt de sommes considérables, l'acceptation ou répudiation d'une succession échue à la femme et généralement tous les actes qui ne sont pas de simple administration, la femme, quoique séparée ne peut valablement les faire sans l'autorisation de son mari ou du juge".

Aehnlich spricht sich Pothier auch in seinem commentaire sur la coutume d'Orléans ad art. 196 (ed. Siffrein XIII. p. 92), sowie in dem traité de la communauté art. 462, 522 (ed. Siffrein VIII. p. 306, 345) aus.

Dieser bisher in den Ländern des droit coutumier geltende Rechtszustand war es, welchen der code civil in dem Art. 217 in Verbindung mit den den Fall der séparation de biens behandelnden Art. 1449, 1536 und 1538 beibehielt und zugleich in Art. 1576 auf die biens paraphernaux ausdehnte.

Auf die zahlreichen dieser Materie angehörigen Kontroversen und die reiche in den Sammelwerken veröffentlichte Kasuistik einzugehen ist hier nicht der Platz. Gewiß würden diese Kontroversen minder zahlreich sein, wenn man den zur Zeit der Abfassung des code civil bestehenden Rechtszustand mehr beachtet hätte, statt sich mit einer Wortinterpretation der betreffenden Gesetzesstellen zu begnügen. So hat um nur eins anzuführen der Kassationshof lange Zeit eine uneingeschränkte Verpflichtungsfähigkeit der femme séparée de biens insoweit anerkannt, als dabei lediglich die Exekution in das Mobiliarvermögen und in die Einkünfte aus dem Immobiliarvermögen in Frage stand. Seit dem Ende der zwanziger Jahre hat aber die Jurisprudenz des Kassationshofes diesen gewiß unrichtigen Standpunkt wieder verlassen und die Verpflichtungsfähigkeit der femme séparée de biens nur noch innerhalb der Grenzen der actes d'administration anerkannt.*) Erst mit dieser neueren Jurisprudenz, der auch die übrigen Gerichte sowie die Doctrin ziemlich einstimmig sich angeschlossen haben, hat man in Frankreich den Zusammenhang mit der alten nationalen Rechtsbildung wiedergefunden. Nicht etwa die Kodifikation war es gewesen, welche diesen Zusammenhang durchbrochen hatte, wohl aber hatte denselben eine Generation von Juristen verloren, die, in den unter dem Konsulat eingerichteten juristischen Abrichtungsanstalten erzogen, zum weitaus größten Theil weder den Sinn noch die Vorbildung hatten, um die neue Gesetzgebung in ihrem geschichtlichen Zusammenhang mit dem älteren Rechte zu verstehen, und das in der Doktrin und Jurisprudenz des droit ancien aufgehäufte reiche geistige Kapital im Sinne eines tieferen nicht vom bloßen Wortlaut beherrschten Eindringens in den Geist der Gesetzgebung zu verwerthen. Und doch bedurfte keine Gesetzgebung mehr eines in dieser Weise historisch gebildeten Justizpersonals, als gerade die französische Kodifikation. Hatte doch der Gesetzgeber selbst von Anfang an nicht blos im Sinne einer Ergänzung, sondern vielfach selbst im Sinne einer Berichtigung seiner oftmals aforistischen Sätze auf ein besonderes von der Jurisprudenz der Gerichte zu erwartendes „système d'application" hingewiesen.**) —

---

*) Vergl. Rivière variations et progrès de la jurisprudence de la cour de cassation no. 447, 448.

**) Das holländische Recht ist dem französischen nachgebildet. Das gesetzliche Güterrecht ist die allgemeine Gütergemeinschaft, die aber durch den Ehevertrag (huwelijksche voorwaarden) in beliebiger Weise beschränkt oder ganz ausgeschlossen werden kann (B. W. 174, 194). Insoweit allerdings besteht ein wesentlicher Gegensatz zum französischen Recht, dessen gesetzliches Güterrecht die Mobiliargemeinschaft ist. Die Handlungsfähigkeit der Ehefrau aber wird durch diesen erweiterten Umfang der gesetzlichen zwischen den Ehegatten bestehenden Sozietät nicht berührt.

Insofern nicht das Gegentheil vereinbart ist, hat der Mann die Verwaltung auch des Sondervermögens der Frau (B. W. 161). Die Vorschrift des Artikel 217 code civil ist wiederholt in Art. 163 B. W. Damit ist das Erforderniß des ehemännlichen Konsenses auch bezüglich der auf das vorbehaltene Vermögen bezüglichen Rechtsgeschäfte der Frau anerkannt. Und zwar ist dieses Erforderniß insofern noch konsequenter durchgeführt, als die Frau im Fall einer wegen schlechter Wirthschaft des Mannes gerichtlich angeordneten Gütertrennung nicht einmal ohne Weiteres auch

Auf einem durchaus andern Standpunkt als das französische Recht, steht das preußische Recht, mit welchem wie bereits erwähnt das sächsische Recht im Wesentlichen zusammentrifft. Beide nehmen gleichsam eine vermittelnde Stellung ein zwischen dem römischen und dem französischen Recht. Nach jenem ist die Frau überhaupt voll handlungsfähig, nach diesem überhaupt nur beschränkt handlungsfähig. Nach dem preußischen und sächsischen Rechte dagegen hat die Ehefrau in der That einen zweifachen status personae. Dieselbe ist innerhalb eines bestimmten Geschäftskreises, nämlich bezüglich der Verwaltung ihres vorbehaltenen Vermögens, voll handlungsfähig; sie ist außerhalb dieses Geschäftskreises — insoweit einem Minderjährigen gleichgestellt — unvollkommen handlungsfähig.*)

Bekanntlich hat das preußische Landrecht die provinzialrechtlich bestehende Gütergemeinschaft und zwar sowohl als allgemeine, wie als bloße Erwerbsgemeinschaft (Errungenschaftsgemeinschaft) bestehen lassen. Nicht minder läßt es auch da, wo die Gütergemeinschaft nicht provinzialrechtlich gilt, dieselbe als vertragmäßige für die einzelne Ehe zu. Aber das gemeine eheliche Gütersystem des Landrechts ist das sogen. modifizirte Dotalsystem. Es wird unterschieden zwischen dem von der Frau in die Ehe eingebrachten Vermögen, welches aber nicht, wie nach römischem Rechte, in das Eigenthum des Mannes eintritt, sondern nur einem Verwaltungs-

---

nur jene beschränkte Dispositionsbefugniß des Artikels 1449 code civil bezüglich der als actes d'administration geltenden Veräußerungen von Mobilien erhält. Vielmehr läßt das Gesetz (Artikel 249 B. W.) für einen solchen Fall nur zu, daß (was thatsächlich wohl regelmäßig geschehen wird) der Ehefrau die Güter getrennten Ehefrau die Befugniß oder richtiger die Befähigung, über ihre Mobilien rechtlich zu verfügen und dieselben zu veräußern, seitens des Gerichts besonders ertheilt wird. Auf diese Weise ist die oben hervorgehobene Antinomie zwischen Artikel 217 und 1449 code civil vermieden. Vergl. Asser het nederlandsch burgerlijk wetboek vergeleken met het wetboek Napoleon §. 90, 154; de Pinto handleiding tot het burg. wetb. I. §. 99, 100; Opzoomer burg. wetb. I. p. 199—205.

*) Der von der allgemeinen Verpflichtungsfähigkeit der Ehefrauen ausgehende §. 11 I. 29 A. G. O. ist bei der Umarbeitung des corp. jur. Frider. (IV. Tit. 11 §. 10) stehen geblieben. Es kann nicht fraglich sein, daß in dieser Frage das Landrecht gegenüber der Gerichtsordnung, oder richtiger gegenüber der Prozeßordnung von 1781 das neuere Gesetz ist. Uebrigens würden auch die Vorschriften des Landrechts als sedes materiae vorgehen. Seit der Entscheidung des Obertribunals vom 6. April 1825 (Simon und Strampff Rechtspr. 2 S. 262 ff.) hat die Rechtsprechung des Obertribunals in dieser Frage nicht mehr geschwankt. Ueber die ältere sich widersprechende Praxis des Obertribunals und verschiedener Oberlandesgerichte giebt der Gesetzesrevisor (Motive zu II. 1 S. 201 ff.) specielle Nachweise. Daselbst finden sich auch nähere Mittheilungen aus den Materialien (bei Rönne nicht abgedruckt).

und Nutzungsrecht desselben, dem sogenannten usufructus maritalis — früher auch usufructus saxonicus genannt — unterstellt wird. Im Gegensatz dazu bleibt das vorbehaltene Vermögen der Frau — früher gewöhnlich bona receptitia genannt — dieser zur eigenen Verwaltung und Nutznießung überlassen. Und zwar tritt dabei noch ein weiterer Gegensatz zu dem Dotalsystem des römischen Rechts hervor. Während nach römischem Recht Rechte des Mannes an dem Vermögen der Frau immer nur insoweit bestanden, als ihm dasselbe als dos bestellt war oder ihm vertragsmäßig die Nutzung der bona paraphernalia überlassen war, ist hier umgekehrt das gesammte Vermögen der Frau jenem Verwaltungs- und Nutzungsrechte des Mannes unterstellt — mit alleiniger Ausnahme derjenigen Vermögensbestandtheile, welche entweder zu dem gesetzlichen Vorbehalte gehören, oder durch Ehevertrag ausdrücklich der eigenen Verwaltung und Verfügung der Ehefrau vorbehalten sind. Und zwar gehören, um auch dies noch anzuführen, zu dem gesetzlichen Vorbehalt lediglich die zum persönlichen Gebrauche der Ehefrau bestimmten Gegenstände, sowie die von dem Manne bei Schließung der Ehe bestellte Morgengabe.

Dieser Gegensatz zwischen dem eingebrachten Vermögen, das der Verwaltung und Verfügungsgewalt der Frau entzogen ist, und dem vorbehaltenen Vermögen, welches ihrer Verwaltung und freien Verfügungsgewalt unterstellt ist, hat in der preußischen Rechtsbildung zu der so überaus interessanten rechtlichen Doppelstellung der Ehefrau geführt, welche dem preußischen und dem mit ihm im Wesentlichen übereinstimmenden sächsischen Rechte — oder historisch richtiger dem sächsischen Rechte und dem mit ihm übereinstimmenden preußischen Rechte — eigenthümlich ist*). Es ist nämlich

---

*) Das Landrecht hat bezüglich der rechtlichen Stellung der Frau das früher in den Marken geltende sächsische Recht restaurirt. Dasselbe hatte bis in die Mitte des vorigen Jahrhunderts in den Marken gegolten, war aber nachher in der Praxis in Folge falschen Romanisirens zu Gunsten einer uneingeschränkten Verpflichtungsfähigkeit der Ehefrau verlassen worden. Auf dem Standpunkt des sächsischen Rechts steht noch Müller, resol. 125 ad 5, 6. Eine von Hymmen (4 p. 29) mitgetheilte Entscheidung des Kammergerichts und des Tribunals von 1757 lehnt die Anwendbarkeit des sächsischen Rechtes ab; vergl. auch Eisenberg und Stengel, Beiträge 2 p. 66. (Scheplitz, Woltaer und Behmer jus controv. behandeln diese Frage nicht.) Bei Benutzung der älteren Literatur muß man sich erinnern, daß die sächsische Praxis bezüglich des Frauenguts eine dreifache Unterscheidung machte: bona dotalia, bona paraphernalia, bona receptitia. Zwischen den beiden ersten Arten bestand aber keineswegs ein Unterschied bezüglich der Rechte des Mannes, sondern nur ein Unterschied bezüglich der Rechte der Frau im Konkurs des Mannes. Leysser de discrimine bonorum uxoriorum (med. ad Pand. spec. 302) und Suarez Schlußrevision S. 112. Vergl. auch Haubold, sächsisches Privatrecht I. §. 75, 76 ibiq. cit. Dies scheint Förster §. 207 Note 5 (3. Aufl. III. 525) übersehen zu haben.

im Gegensatz zu dem französischen Rechte der Ehefrau bezüglich des ihrer eigenen Verwaltung unterstellten Vermögens im Allgemeinen ganz dieselbe rechtliche Stellung eingeräumt, welche eine unverheirathete volljährige Frauensperson bezüglich ihres keiner Gewalt unterworfenen Vermögens hat. Und andererseits hat sich das preußische und sächsische Recht nicht darauf beschränkt das von der Frau eingebrachte Vermögen ihrer Dispositionsbefugniß zu entziehen. Es ist vielmehr der Ehefrau überhaupt die persönliche Befähigung abzusprechen bezüglich dieses eingebrachten Vermögens rechtswirksame Dispositionen zu treffen. Einseitig von der Frau vorgenommene Veräußerungen eingebrachter Vermögensgegenstände sind nicht blos zu Gunsten des Mannes, und solange dessen Verwaltungs- und Nutzungsrecht dauert, in ihrer rechtlichen Wirksamkeit suspendirt. Sie sind vielmehr überhaupt auch zu Gunsten der Frau selbst unwirksam. Und nicht blos für die Zeit während welcher die Ehe und damit das Verwaltungs- und Nutzungsrecht des Mannes besteht. Auch nach erfolgter Trennung der Ehe und nachdem das eingebrachte Vermögen in die freie Verfügungsgewalt der Frau bezw. ihrer Erben, zurückgekehrt ist, verbleibt es zu deren Gunsten bei dieser Unverbindlichkeit des von der Frau ohne Konsens des Mannes vorgenommenen Veräußerungsgeschäfts. Und in ganz derselben Weise sind die von der Frau einseitig kontrahirten Schulden für dieselbe auf alle Fälle nur insoweit verbindlich, als deren vorbehaltenes Vermögen reicht. Sie sind verbindlich während der Ehe nur insoweit das zur Zeit vorhandene vorbehaltene Vermögen reicht. Sie sind verbindlich nach Trennung der Ehe, nur soweit das bei Trennung der Ehe noch vorhanden gewesene vorbehaltene Vermögen reicht*). Es ist mit einem Worte die aus den Rechten des Mannes an dem eingebrachten Vermögen sich ergebende Beschränkung der Verfügungsgewalt der Frau über ihr eingebrachtes Vermögen in der oben angedeuteten Weise fortentwickelt und gesteigert zu einer wirklichen Beschränkung der persönlichen Handlungsfähigkeit. Der Doppelstellung der Frau gegenüber einerseits ihrem vorbehaltenen, andrerseits ihrem eingebrachten Vermögen entspricht in der That ein doppelter status derselben — einerseits

---

*) §. 619 II. 1 A. L. R.: „Für Schulden, welche die Frau während der Ehe auf ihr vorbehaltenes Vermögen einseitig gemacht hat, kann der Gläubiger nur soweit Bezahlung fordern, als das bei ihrem Ableben noch vorhandene vorbehaltene Vermögen reicht."

Es ist dies diejenige Bestimmung, auf welche bereits oben (S. 22.) bei der Besprechung der relativen Darlehnsfähigkeit des filius familias miles Bezug genommen wurde.

eine volle, andrerseits eine beschränkte an den Konsens des Mannes gebundene Handlungsfähigkeit der Frau.

Bei dieser eigenthümlichen rechtlichen Doppelstellung der Ehefrau nach preußischem Recht darf übrigens nicht außer Betracht gelassen werden, daß die Handlungsunfähigkeit der reguläre, normale, die Handlungsfähigkeit der irreguläre, anormale status der Ehefrau ist. Die Ehefrau ist nach preußischem Recht nicht etwa handlungsfähig, insoweit nicht Dispositionen über oder die Haftung mit ihrem eingebrachten Vermögen in Frage stehen. Sie ist vielmehr im Allgemeinen handlungsunfähig. Nur ausnahmsweise wird eine Handlungsfähigkeit insoweit anerkannt, als Dispositionen über das vorbehaltene Vermögen oder speziell mit Rücksicht auf dieses vorbehaltene Vermögen übernommene Verbindlichkeiten in Frage stehen.

Die erste Voraussetzung der Handlungsfähigkeit einer Ehefrau ist also, daß sie vorbehaltenes Vermögen wirklich hat, daß sie insoweit eine selbstständige Vermögensverwaltung führt und zu führen berechtigt ist. Denn nur für diesen Fall ist eine Handlungsfähigkeit überhaupt anerkannt.

Allein mit dem Vorhandensein eines vorbehaltenen Vermögens ist noch keineswegs entschieden, daß deshalb auch das einzelne von einer Ehefrau abgeschlossene Rechtsgeschäft gültig sei — gültig sei auch nur insoweit die Haftung mit dem vorbehaltenen Vermögen selbst in Frage steht.*) Vielmehr muß das einzelne Rechtsgeschäft, um überhaupt gültig zu sein, dieses vorbehaltene Vermögen wirklich betreffen. Nur dann gehört das Rechtsgeschäft derjenigen Geschäftssphäre an, für welche allein eine Handlungsfähigkeit der Ehefrau anerkannt ist.

Was speziell die von der Frau kontrahirten Geldschulden betrifft, so wird man ohne Weiteres eine Handlungsfähigkeit derselben insoweit anerkennen müssen, als im einzelnen Fall die Schuld kontrahirt worden ist auf eine Veranlassung hin und zu Zwecken, welche der Verwaltung des vorbehaltenen Vermögens angehören. Man darf für diesen Fall die Haftung der Frau mit ihrem vorbehaltenen Vermögen nicht noch davon abhängig machen, daß dieselbe irgendwie ausdrücklich oder stillschweigend die kontrahirte Schuld speziell aus dem vorbehaltenen Vermögen zu zahlen versprochen hat. Eines solchen besondern Versprechens bedarf es in diesem Falle nicht,

---

*) Dies scheint der Standpunkt des klassischen römischen Rechts bezüglich der relativen Darlehnsfähigkeit der filiisfamilias milites gewesen zu sein. l. 1. §. 3. l. 2. D. de S. C. Maced. (14, 6) verlangen zur Haftung des filiusfamilias miles „usque ad quantitatem peculii" nichts weiter, als daß der Darleiher ein peculium castrense überhaupt hat. — In der bereits oben erwähnten constitutio Justinians — c. 7 C. ad S. C. Mac. (4, 28) — laufen in der Motivirung die verschiedenen Auffassungen durcheinander.

um den von der Frau abgeschlossenen Schuldvertrag als zu demjenigen Geschäftskreis gehörig zu qualifiziren, für welchen die Frau handlungsfähig ist. Das Rechtsgeschäft ist in diesem Falle an sich schon und ohne daß es einer beßfallsigen Abrede bedarf ein solches, welches die Frau speziell in Ansehung des vorbehaltenen Vermögens abgeschlossen hat. Man wird also die Gültigkeit eines solchen Rechtsgeschäfts nicht einmal davon abhängig machen können, daß der andere Kontrahent diese Beziehung des Geschäfts auf das vorbehaltene Vermögen kennt.

So ist also z. B. eine Frau, die als vorbehaltenes Vermögen ein Landgut besitzt, gewiß ohne Weiteres — ex contractu und ohne daß der Gesichtspunkt der Bereicherung herbeigezogen zu werden braucht — für diejenigen Schulden haftbar, welche sie zum Zweck der Bewirthschaftung dieses Guts kontrahirt hat — haftbar allerdings nur mit ihrem vorbehaltenen Vermögen. Wenn sie Saatfrucht, Dünger, Vieh für ihre Wirthschaft gekauft hat, so muß sie — mag auf Baarzahlung oder auf Kredit gekauft sein — die vereinbarten Kaufpreise ohne Weiteres bezahlen. Auch dann wenn der Verkäufer vielleicht gar nicht einmal wußte, daß die Inhaberin dieser Wirthschaft verheirathet war, wenn also von einer stillschweigenden Vereinbarung, daß aus dem vorbehaltenen Vermögen der Frau Zahlung geleistet werden soll, überhaupt nicht die Rede sein kann.

Ich hebe dies hier ausdrücklich hervor. Denn der Wortlaut der einschlagenden gesetzlichen Bestimmungen*) statuirt allerdings eine Haftung der Frau nur für den Fall, daß die Schuld „auf das vorbehaltene Vermögen" kontrahirt worden ist. Dieser Fassung nach scheint also zur Rechtsverbindlichkeit solcher Schuldverträge vorausgesetzt zu werden, daß wenigstens stillschweigend zwischen den Kontrahenten Zahlung aus diesem vorbehaltenen Vermögen vereinbart ist. Aber gewiß scheint es nur so. Gewiß hat die Haftung der Frau nicht auf diesen Fall beschränkt werden sollen. Vielmehr hat mit dieser Fassung die selbstverständliche Haftung der Frau für Schulden aus wirklich das vorbehaltene Vermögen betreffenden Verwaltungsgeschäften ausgedehnt werden sollen auf Schulden, welche an und für sich das vorbehaltene Vermögen nicht berühren. Sie ist ausgedehnt auf solche Schulden, welche die Frau auf eine ihrer selbständigen Vermögensverwaltung fremde Veranlassung hin und zu andern Zwecken kontrahirt hat, bezüglich deren aber die Frau Zahlung aus dem vorbehaltenen Vermögen versprochen hat.

Damit ist allerdings eine im Allgemeinen verpflichtungsunfähige und nur ausnahmsweise — innerhalb eines bestimmten Geschäftskreises — ver-

---

*) §. 318, 319, 619 II. 1. A. L. R.

pflichtungsfähige Person in die Lage gebracht, die Grenze ihrer ausnahmsweisen Handlungs- und Verpflichtungsfähigkeit selbst zu bestimmen. Eine Ehefrau, welche vorbehaltenes Vermögen hat, braucht nur Zahlung aus diesem vorbehaltenen Vermögen zu versprechen, um durch diese willkürliche Nebenverabredung sich handlungs- und verpflichtungsfähig zu machen für ein Rechtsgeschäft, welches an sich dem Geschäftskreis völlig fremd ist, für welchen sie ausnahmsweise handlungs- und verpflichtungsfähig ist. Man sieht, welche eigenthümliche Verwechselung dieser meines Erachtens nicht glücklichen Rechtsbildung zu Grunde liegt. Statt der innern Natur des Geschäfts, die doch allein entscheidend sein sollte, ist das äußere ökonomische Resultat ins Auge gefaßt. Die Handlungsfähigkeit der Frau ist derart gestaltet, daß dieselbe in die Lage gesetzt ist, ihr vorbehaltenes Vermögen, aber nur dieses in beliebiger Form Rechtens zu konsumiren. Geschäfte, welche diese ökonomische Tendenz haben, sind gültig — lediglich um dieser ökonomischen Tendenz willen.

Eine eigenthümliche Beschränkung besteht übrigens noch nach §. 319, II. 1. Derselbe lautet:

„Doch muß der, welcher einer Ehefrau auf ihr vorbehaltenes Vermögen Kredit giebt, wenn er seine Befriedigung **während der Ehe** fordern will, dasselbe durch Eintragung in das Hypothekenbuch, oder durch Uebergabe des Obligationsinstruments, oder der beweglichen Sache sich besonders versichern lassen."

Diese Bestimmung paßt offenbar nicht in das System des Landrechts. Ein „unbewußter Ueberrest der altdeutschen ehelichen Vormundschaft" — wie der Gesetzesrevisor meinte*) — ist diese Bestimmung nicht. Das Geschäft ist nicht ungültig. Nur die Exekution in das vorbehaltene Vermögen bleibt während der Ehe, also offenbar nur im Interesse des Mannes, ausgeschlossen. Soweit ihr ein bestimmter Gedanke zu Grunde liegt, kann es nur der sein, den Mann gegen eine **heimliche** Belastung des vorbehaltenen Vermögens mit Schulden zu sichern. Die Vorschrift fand sich bereits im gedruckten Entwurf vor (§. 218, Th. I. Erste Abth. Tit. 1.); wie sie hineingekommen, ist ohne Einsicht der Materialen selbst nicht festzustellen**), und nur durch einen Zufall scheint die allgemein, insbesondere auch von Suarez selbst, mißbilligte Bestimmung stehen geblieben zu sein. Die relative Handlungsfähigkeit der Ehefrau wird durch diesen §. 319 nicht

---

*) Motive zu Th. II. Tit. 1. S. 201.

**) Der Gesetzesrevisor l. c. theilt nichts darüber mit, wie er überhaupt die Entstehungsgeschichte des Gesetzes über den gedruckten Entwurf hinaus nicht verfolgt hat. — Suarez' Schlußrevision enthält keine auf diesen §. 319 speziell bezügliche Bemerkung.

berührt. Das Geschäft ist gültig, wenn auch zunächst die Schuld nicht exigibel ist.

Uebrigens darf der einschränkenden Bestimmung des §. 319 keine zu weite Ausdehnung gegeben werden. Und dasselbe gilt auch, wie gleich erwähnt werden mag, für die analoge auf die volljährigen Hauskinder bezügliche Bestimmung des §. 166 II. 2. Beidesmal dürfen gewiß unter dem „Kredit geben" nur Darlehen und ähnliche Geschäfte verstanden werden, bei denen die Gewährung eines Kredits der alleinige Zweck ist oder doch einen wesentlichen Bestandtheil des Geschäfts bildet. Und auch hier mit Ausschluß kleiner Aushülfen im Falle einer zufälligen momentanen Geldverlegenheit. Insbesondere dürfen keinenfalls hierher gezogen werden die durch die Bewirthschaftung des vorbehaltenen Vermögens veranlaßten Anschaffungen — auch dann nicht, wenn für die Zahlung des Kaufpreises bestimmte Kreditfristen vereinbart sind. Die gegentheilige Meinung des Reichs-Oberhandelsgerichts bezüglich der Tragweite der analogen Bestimmung des § 166 II. 2. über die Kreditgeschäfte der Hauskinder (Entsch. Bd. 7 S. 32, 33) stützt sich nur auf den Wortlaut, der aber die Interpretation nicht ausschließt, vielmehr derselben bedarf.*) —

---

*) Seit der „married women's act" (33 & 34 Vict. c. 93) ist die rechtliche Stellung der Ehefrau nach englischem Rechte ähnlich gestaltet wie nach preußischem Rechte. Es sind in dieser Akte der eignen Verwaltung der Frau vorbehalten: der eigne Arbeitsverdienst — auf den Namen der Frau gemachte Sparkasseneinlagen, sowie Leibrenten — in den Büchern der Banken von England und Irland auf den Namen der Frau eingetragenes Eigenthum an public stocks and funds — auf den Namen der Frau geschriebene Aktien und sonstige Antheilsrechte bei einer Erwerbs- oder Vorsichtsgesellschaft (industrial or provident society) — in allen diesen Fällen vorausgesetzt, daß diese Vermögenstheile nicht ohne Genehmigung des Mannes mit dessen Mitteln erworben worden sind. Ferner die der Frau zufallenden Mobiliarerbschaften und Vermächtnisse bis 200 Lstr., sowie die Erträgnisse aus dem der Frau während der Ehe ab intestato zugefallenen freehold, copyhold und customaryhold property. Innerhalb dieser der Frau vorbehaltenen Vermögenssphäre ist dieselbe voll handlungsfähig, insbesondere auch — gegen den bisher unbedingt (selbst für den Fall des selbständigen Handelsbetriebs durch eine Ehefrau) festgehaltenen Grundsatz — vor Gericht aufzutreten befähigt.

Außerhalb dieser in dem Gesetz speziell bezeichneten Fälle bleibt es allerdings bei dem bisherigen Rechte. Danach wird das gesammte Vermögen der Frau mit Ausnahme des Grundeigenthums (real property) unbedingtes Eigenthum des Mannes. Die Frau hat gar kein Recht mehr daran und weder Tod noch Scheidung berühren dieses Eigenthum des Mannes. Nicht einmal im Ehevertrag kann für die Dauer der Ehe eine Aenderung gemacht und der Frau ein Theil ihres Vermögens vorbehalten werden. Das alleinige Auskunftsmittel, um der Frau einen Theil ihres Vermögens zu erhalten, war und ist auch — von jenen Aenderungen der married women's act abgesehen — heute noch, daß das der Frau vorzubehaltende Vermögen

Ich wende mich zu den Resultaten, welche sich speziell für die **Wechselfähigkeit der Ehefrauen** — als Bestandtheil der allgemeinen Ver-

---

vor dem Abschluß der Ehe einem trustee zu fiduziarischem Eigenthum übertragen und damit den unvermeidlichen rechtlichen Konsequenzen des Eheabschlusses entzogen wird. Bezüglich der Forderungsrechte (choses in action — im Gegensatz zu den choses in possesion) gilt übrigens der obige Satz nur in dem Sinne, daß der Mann während der Ehe das Forderungsrecht nach Belieben geltend zu machen befugt ist, und in diesem Fall das von dem Schuldner Geleistete Eigenthum des Mannes wird.

Diese weitgehenden Wirkungen der Ehe, welche, von dem Grundeigenthum abgesehen, den Wirkungen der älteren römischen Ehe mit confarreatio entsprechen, erklären sich aus dem von Littleton aufgestellten, seitdem festgehaltenen und in manche sonderbare Konsequenzen verfolgten Satze, daß, wie es in dem normännischen Originale heißt „la feme et home ne sont lorsque un person en ley" — daß Mann und Frau rechtlich nur eine Person sind. (Coke upon Littleton ed. 1629 p. 112. — Littleton „not the name of a Lawyer only but of the law it selfe", war unter Eduard IV. judge of the Common Pleas). Im Zusammenhang mit diesem Uebergang des Frauenvermögens in das Eigenthum des Mannes wird die Frau unfähig in eignem Namen zu kontrahiren. Sie kann nur noch kontrahiren im Namen des Mannes auf Grund einer sehr weitgehenden präsumtiven Vollmacht (authority) desselben. Insbesondere gilt dies bezüglich aller für sich und die Kinder „for necessaries" (vergl. oben S. 25 Note **) kontrahirten Schulden.

Uebrigens hat die englische Praxis einzelne Ausnahmen von diesem Grundsatz zugelassen, in welchen eine Vertrags- und Verpflichtungsfähigkeit der Ehefrau anerkannt wird. In diesen Ausnahmefällen gilt, wie die geschmackvolle englische Rechtssprache es auszudrücken pflegt, die „feme covert", d. h. die verheirathete Frau als „feme sole", als unverheirathet. So z. B. unbedingt die Königin, ferner die Handelsfrau. Diese jedoch nur in den courts of equity, nicht in den courts of law. — Zu einer Veräußerung ihres real property bedarf die Frau einer Genehmigung des Mannes. Seit 3 & 4 Will. IV c. 74 genügt ein einfacher gerichtlicher Vertrag. Bis dahin war das für solche Fälle übliche Verfahren ein Scheinprozeß der in einem Scheinvergleich zu Gunsten des Erwerbers seinen Abschluß fand, nachdem vorher die Frau über die Freiwilligkeit der Veräußerung gerichtlich war vernommen worden. Dieses Verfahren ist durch die genannte Akte abgeschafft worden.

Ueber die rechtliche Stellung der Ehefrauen im Allgemeinen und über ihre Handlungsunfähigkeit (disability) insbesondere vergleiche: Cowell institut. juris anglici (Cantabrigiae 1605) I. 10 §. 18; Stephen commentaries b. III. ch. 3; Addison on contracts p. 759—784; Chitty law of contracts p. 151—194; W. Story law of contracts I. sect. 83—110; Parsons on contracts I. ch. 18; W. Story sale of personal property (Boston 1862) sect. 40—66; Williams law of personal property part IV. ch. 5; Atkinson contract of sale p. 11 sqq. —

In den Vereinigten Staaten ist das englische common law vielfach abgeändert im Sinne einer selbständigeren Stellung der Frau. In einzelnen Staaten, insbesondere auch in Newyork, hat die Ehe überhaupt keine vermögensrechtlichen Wirkungen. Die Frau bleibt nicht blos Subjekt, sondern auch unbeschränkte Verpflichtungsfähigkeit — vom Standpunkt des gemeinen, des französischen (badischen) und des preußischen (sächsischen) Rechts ergeben.

Vom Standpunkt des gemeinen Rechts kann die unbedingte Wechselfähigkeit der Ehefrau überhaupt nicht in Frage gezogen werden.*) Freilich gilt das gemeine Recht, d. h. das römische Dotalrecht nur ganz sporadisch. Fast überall in Deutschland gelten für das eheliche Güterrecht partikulare Rechtsnormen, welche der Ehefrau eine andere, ihre Handlungsfähigkeit beschränkende Stellung anweisen.

Das französische Recht kennt, wie wir oben gesehen haben, eine Verpflichtungsfähigkeit der Ehefrau überhaupt nur für besondere Fälle und auch dann nur in sehr beschränktem Maße. Die Ehefrau kann ohne autorisation maritale rechtsgültig kontrahiren nur im Fall der séparation de biens sowie — innerhalb des régime dotal — bezüglich der biens paraphernaux. In beiden Fällen ist aber die Verpflichtungsfähigkeit beschränkt auf die actes d'administration. Nur für diese Fälle und nur innerhalb dieser Grenzen kann also für die Rechtsgebiete des französischen Rechts — die Rheinlande, die Reichslande und Baden — eine Ehefrau im Sinne des Art. 1 der Wechselordnung wechselfähig sein. Die Grenzen der Handlungsfähigkeit der Ehefrauen sind hier in der That so eng gezogen, daß eine

walterin und Nutznießerin ihres Vermögens. Vielfach sind Verträge zwischen den Ehegatten zugelassen wie zwischen sich fremden Personen. Parsons on contracts l. c. giebt eine Zusammenstellung aller Abweichungen der Gesetze der einzelnen Staaten von dem common law. Vergl. auch den Entwurf gebliebenen code of Newyork s. 75—85. —

Uebrigens wird es immer ein Räthsel bleiben, wie eine Nation von so tiefem Gemüthsleben und so zartem Familiensinn, wie die englische, so lange ein solches eheliches Güterrecht ertragen hat und noch erträgt — ein System, welches die Frau mittel- und waffenlos in die unbedingte Gewalt des Mannes gab und vielfach noch giebt. Die Gewohnheit, Eheverträge (marriage settlements) abzuschließen, milderte allerdings manche harte Konsequenzen, aber doch mehr bezüglich des Rückfalls des Vermögens an die Frau oder ihre Angehörige nach Auflösung der Ehe, beziehungsweise nach dem Tode des Mannes, als für die Zeit der Ehe selbst. Und das einzige Mittel die Frau ganz sicher zu stellen, die fiduziarische Uebertragung des Eigenthums an einen trustee, bleibt doch immer ein höchst bedenkliches Auskunftsmittel.

In Amerika ist man freilich in den entgegengesetzten Fehler verfallen. Völlige Ignorirung der Ehe für das Vermögensrecht und die unbedingte vermögensrechtliche Emanzipation der Frau widersprechen der Natur der Ehe. Die unbedingte Zulässigkeit von Rechtsgeschäften zwischen Ehegatten aber heißt nichts anderes als den edleren Theil der Habsucht des anderen preisgeben. Es fehlt denn auch nicht an warnenden Stimmen, unter ihnen der treffliche Parsons, der dieses theils schon bestehende, theils erstrebte System einer sehr herben, aber durchaus treffenden Kritik unterzieht.

*) Vergl. Entscheidung des Bundes-Oberhandelsgerichts vom 27. Juni 1871 (Entsch. II. S. 408).

Ehefrau, die nicht Handelsfrau ist, nur ausnahmsweise in der Lage sein wird, rechtsgültig eine Wechselverpflichtung zu übernehmen. Keineswegs ist dies aber unbedingt ausgeschlossen. So wird z. B. nicht in Frage gezogen werden können, daß eine innerhalb jener Grenze handlungsfähige Ehefrau Wechsel, welche ihr durch Erbschaft zufallen, nicht blos wirksam durch Indossament begeben kann, sondern auch aus ihrem Indossament regreßpflichtig wird. Ebenso wird nicht in Frage gezogen werden können die Rechtsgültigkeit von Depotwechseln, welche eine Ehefrau als Aktionärin einer Versicherungsgesellschaft für den nicht eingezahlten Theil des Aktienbetrags ausstellt.

Selbstverständlich gilt das hier vom Standpunkt des französischen Rechts Gesagte auch vom Standpunkt des preußischen Rechts. Eine Ehefrau, die vorbehaltenes Vermögen hat, ist ohne Weiteres wechselfähig für diejenigen Fälle, in welchen die Uebernahme der Wechselverpflichtung im einzelnen Fall als Verwaltungsakt bezüglich des vorbehaltenen Vermögens sich darstellt. Aber es kann vom Standpunkt des preußischen Rechts aus nicht in Zweifel gezogen werden, daß die Wechselverpflichtung einer Ehefrau auch schon dann rechtsgültig ist, wenn die Ehefrau vorbehaltenes Vermögen hat und die Wechselschuld „auf ihr vorbehaltenes Vermögen" kontrahirt hat, d. h. wenn sie Zahlung des Wechsels aus ihrem vorbehaltenen Vermögen versprochen hat. Für diesen Fall, aber auch nur für diesen Fall ist eine Wechselfähigkeit der Ehefrau anzuerkennen auch bezüglich solcher Wechsel, deren Ausstellung kein das vorbehaltene Vermögen betreffender Verwaltungsakt war. Die Gültigkeit des Wechsels und damit die „Wechselfähigkeit" der Ehefrau hängt hier also in der That ab von willkürlichen Nebenabreden, welche die Erfüllung des Wechselversprechens selbst betreffen.

In dieser Weise — im Sinne einer nur relativen Wechselfähigkeit — hat auch das Reichs-Oberhandelsgericht in seiner Entscheidung vom 6. August 1872 (Entsch. Bd. 7, S. 26 ff.) die ganz gleichartig gestaltete Wechselfähigkeit der Hauskinder beurtheilt. Die Auffassung, von welcher das Obertribunal in seiner Entscheidung vom 4. Dezember 1866 (Entsch. Bd. 57, S. 339) ausgegangen ist, als ob nämlich eine Ehefrau, welche vorbehaltenes Vermögen hat, deshalb überhaupt wechselfähig sei, steht mit den Grundsätzen des preußischen Rechts über die nur relative Handlungsfähigkeit der Ehefrauen sicherlich nicht in Einklang.

Es bleibt für das preußische Recht noch eine Frage zu erörtern — die Anwendbarkeit des §. 319 II. 1. auf Wechselversprechen. Das Obertribunal hat diese Frage in zwei Entscheidungen vom 14. Januar 1858 und vom 4. Dezember 1866 verneint.*) Es ist in der That nicht schwer, die Gründe, mit denen das Obertribunal diese Annahme zu rechtfertigen versucht hat, zu widerlegen. Nichtsdestoweniger wird man der Entscheidung selbst beitreten müssen. Nicht um deswillen, weil andernfalls „die Absicht der Allgemeinen deutschen Wechselordnung, den Ehefrauen die Wechselfähigkeit, soweit ihr Vermögen nicht der Verwaltung und dem Nießbrauch des Ehemanns unterstellt ist, zuzugestehen, in der That vereitelt werden und jene Wechselfähigkeit ihre praktische Bedeutung verlieren würde." Denn die Wechselordnung hat nicht die Tendenz, irgend Jemand und insbesondere auch nicht den Ehefrauen eine Wechselfähigkeit in einem weitern Umfang zu gewähren, als das bürgerliche Recht eine Verpflichtungsfähigkeit der betreffenden Personen anerkennt. Ebensowenig um deswillen, weil dritte Erwerber sich nicht über die Erfüllung der in § 319 cit. aufgestellten Voraussetzungen sofortiger Exigibilität einer von der Frau auf ihr vorbehaltenes Vermögen kontrahirten Schuld vergewissern können. Denn die Ungültigkeit eines Wechselversprechens ist nicht dadurch bedingt, daß dieselbe dritten Erwerbern erkennbar ist. Wohl aber wird man anerkennen müssen, daß der §. 319 überhaupt unanwendbar ist auf Zahlungsversprechen, deren eigenthümliche Natur eine Abhängigkeit von der Bestellung einer realen Sicherheit nicht zuläßt. Der §. 319 schließt richtig verstanden die Uebernahme solcher Verbindlichkeiten Seitens einer Ehefrau nicht aus, wenn dabei auch — dem damaligen Rechtszustand entsprechend — die Unfähigkeit der Ehefrau zur Uebernahme solcher Verbindlichkeiten vorausgesetzt sein mag. Also eine einschränkende Interpretation dieses §. 319 selbst ist es, welche zu dem obigen meines Erachtens richtigen, vom Obertribunal aber nicht zutreffend motivirten Resultate führt.

Seitdem die Wechselordnung Reichsgesetz geworden ist, mag vielleicht dieser Auffassung noch folgende weitere allerdings nicht ganz unbedenkliche Erwägung zur Seite treten. Der §. 319 II. 1 und in gleicher Weise bezüglich der Hauskinder der analoge §. 166 II. 2 berührt die **Verpflichtungsfähigkeit** überhaupt nicht. Er erkennt die Gültigkeit der von der Frau abgeschlossenen Kreditgeschäfte ohne Rücksicht auf jene besonderen Maßregeln an. Nur die sofortige Exigibilität der Schuld bleibt — für die Dauer der Ehe ausgeschlossen. Damit ist aber zugleich die Frage im Sinne der Wechselfähigkeit der Ehefrauen und ebenso der Hauskinder ohne Rücksicht auf diese beschränkende Bestimmung entschieden. Es steht in einem solchen Fall in Frage ein Wechsel einer wechselfähigen Person. Folgeweise

---

*) Borchardt, Wechselordnung, 4. Aufl. S. 13. — Striethorst, Archiv, Bd. 64, S. 321.

treten die reichsgesetzlichen Folgen einer solchen Wechselverpflichtung ein, ohne daß jene landesgesetzliche Bestimmung deren sofortige Exigibilität auszuschließen vermag. Keineswegs aber wird man die gleiche Erwägung schon für die Zeit vor Einführung der Wechsel-Ordnung als Reichsgesetz in dem Sinne geltend machen dürfen, daß die Wechsel-Ordnung als das jüngere Gesetz dem §. 319 cit. derogirt habe. Solange die Wechselordnung Landesgesetz war, konnte man ihr eine so tief in das Zivilrecht eingreifende derogirende Kraft gewiß nicht beimessen. In Wahrheit war wohl gerade diese Annahme einer derogirenden Kraft der Wechsel-Ordnung gegenüber jenem §. 319 bei jener Entscheidung des Obertribunals ausschlaggebend gewesen. Die Erwägung, daß die von der Wechsel-Ordnung beabsichtigte Wechselfähigkeit der Ehefrau durch die Bestimmung des §. 319 cit. nicht dürfe vereitelt werden, deutet auf diesen Gesichtspunkt einer derogirenden Wirkung der Wechsel-Ordnung hin. Klar ausgesprochen ist dies allerdings nicht.

3. **Relative Handlungs- und Wechselfähigkeit der volljährigen Hauskinder.**

Vom Standpunkt des **gemeinen Rechts** aus sind volljährige Hauskinder voll handlungsfähig ohne Rücksicht darauf, ob dieselben ein peculium irgend welcher Art haben. Nur für die Gültigkeit der von einem filius familias kontrahirten Darlehnsschulden war nach klassischem Recht die Existenz eines peculium castrense von Bedeutung. In dem justinianischen Recht ist auch dieser Fall relativer Verpflichtungsfähigkeit beseitigt. Der filius familias miles war unbedingt darlehnsfähig, der filius familias paganus war unbedingt darlehnsunfähig.*) Für die Wechselfähigkeit ist auch dieser Gegensatz ohne Interesse; die Darlehnsfähigkeit ist keine Voraussetzung der Wechselfähigkeit. Nach gemeinem Recht sind also volljährige Hauskinder unbedingt wechselfähig.

Nach **französischem** Recht hört die puissance paternelle ohne Weiteres mit dem Eintritt der Volljährigkeit auf. Volljährige Hauskinder gibt es also überhaupt nicht (art. 372 code civil — Bad. L.-R. Satz 372).**)

Anders ist dies nach **preußischem** Recht. Nach diesem endigt die väterliche Gewalt nicht mit der Volljährigkeit des Kindes. Vielmehr dauert dieselbe fort, bis das Hauskind durch die Begründung eines selbst-

---

*) Vergl. oben S. 21, 22.
**) Das Gleiche gilt für das holländische und das englische Recht. Vergl. burgerlijk wetbook art. 354 und Stephen commentaries vol. II. book III. chap. 3 sub II. (ed. 1842 p. 324, 325).

ständigen Haushalts oder durch den Betrieb eines selbstständigen Gewerbes (separata oeconomia — in der älteren Literatur auch emancipatio Germanica genannt) sich geschäftlich selbstständig und dadurch von der väterlichen Gewalt frei macht (§. 210 ff. II. 2. A. L. R.).

Insolange dies nicht geschehen ist, steht dem Vater gesetzlich die Verwaltung und Nutznießung des Vermögens des Hauskindes zu. Ausgenommen ist nur das sogenannte freie Vermögen, dessen Verwaltung und Nutznießung dem Hauskind selbst zusteht. Zu demselben gehört ohngefähr alles das, was nach römischem Recht zu dem peculium castrense und quasicastrense gehören oder adventitium irregulare sein würde. Außerdem aber auch die Ersparnisse des Hauskindes aus den ihm von dem Vater außerhalb des väterlichen Hauses gewährten Unterhaltsmitteln (§. 147 ff. II. 2. A. L. R.).

Diesem Gegensatz zwischen dem freien und nichtfreien Vermögen entsprechend ist die Handlungsfähigkeit der volljährigen Hauskinder in der Weise gestaltet, daß sie bezüglich des freien Vermögens, also relativ, voll handlungsfähig, im Uebrigen aber nur beschränkt dispositions- und verpflichtungsfähig sind (§. 125, 131, 132 II. 2. A. L. R.). Es besteht also insoweit eine rechtliche Doppelstellung der Hauskinder, ein doppelter status derselben — ganz entsprechend dem doppelten status der Ehefrauen. Und zwar auch hier in dem Sinne, daß das Hauskind im Allgemeinen handlungsunfähig ist und nur für den Fall, daß es freies Vermögen thatsächlich hat, bezüglich der auf dasselbe bezüglichen Rechtsgeschäfte als handlungsfähig gilt. Es findet demgemäß alles das, was oben bezüglich der relativen Handlungs- und Wechselfähigkeit der Ehefrauen gesagt worden ist, analog auch Anwendung auf die Hauskinder. Das Landrecht hat die Parallele so streng durchgeführt, daß selbst der § 319 II. 1 sein Seitenstück findet in dem §. 166 II. 2.*)

Dementsprechend sind also Hauskinder nach preußischem Recht nur

---

*) Das Reichs-Oberhandelsgericht hat in der Entscheidung vom 6. August 1872 (Entsch. Bd. 7 S. 32) dahin gestellt gelassen, welche Wirkungen eintreten, wenn bei Kreditgeschäften der Hauskinder der Vorschrift des §. 166 II. 2 nicht genügt ist. Es soll eine offene Frage sein, ob die betreffenden Geschäfte überhaupt gültig seien oder nicht.

In §. 166 II. 2. ist allerdings nicht wie im §. 319 II. 1 eine bestimmte Rechtsfolge für den Fall bezeichnet, daß die betreffenden Maßregeln unterblieben sind. Meines Erachtens kann aber nicht zweifelhaft sein, daß beide Bestimmungen ganz parallel laufen und daß demgemäß das in §. 319 cit. angedrohte Präjudiz der Nichtexigibilität während der Dauer der Ehe analog auch für den Fall des §. 166 in der Weise gilt, daß eventuell die Forderung während der Dauer der väterlichen Gewalt nicht exigibel ist.

relativ wechselfähig. Sie sind verpflichtungs- und folgeweise wechselfähig nur bezüglich derjenigen Wechselgeschäfte, welche von ihnen, wie es in der Entscheidung des Reichs-Oberhandelsgerichts vom 6. August 1872 (Entsch. Bd. 7, S. 26, vergl. insbef. S. 32) heißt: „in Ansehung des vorbehaltenen Vermögens abgeschlossen worden sind". Sie sind wechselfähig unter denselben Voraussetzungen und in demselben Umfang wie die Ehefrauen. Das Wechselversprechen eines Hauskindes ist gültig unter der Voraussetzung, daß das Hauskind freies Vermögen wirklich hat und auch dann nur für den Fall, daß entweder die dem Wechselversprechen im einzelnen Fall zu Grunde liegende zivilrechtliche causa das Wechselversprechen qualifizirt als einen Verwaltungsakt bezüglich des freien Vermögens oder daß Seitens des Hauskindes bei Uebernahme des Wechselversprechens Zahlung aus dem freien Vermögen versprochen worden ist.

Für diese Fälle und nur für diese Fälle ist das Hauskind wechselfähig. Auch hier haben wir also eine nur relative Wechselfähigkeit. Auch hier sind es in der That die „unterliegenden Rechtsverhältnisse", welche über die Gültigkeit oder Ungültigkeit des einzelnen Wechselversprechens entscheiden.